CŒUR GRENADINE

Pour N, C, B, M, G, et bien sûr pour W.
Vous savez qui vous êtes et ce que vous faites.
(Willow ne peut pas lire ça, mais elle le sait quand même.)

Illustration de couverture : © Javier Brosch/
stock.adobe.com

Ouvrage initialement publié par Scholastic Inc. sous le titre : *Sit, Stay, Love*

Cet ouvrage a été proposé à l'éditeur français par l'agence EDITIO DIALOG, Lille.

Loi n° 49-956 du 16 juillet 1949 sur les publications destinées à la jeunesse.
Dépôt légal : octobre 2019

ISBN : 978-2-7470-8638-7

Cet ouvrage a été mis en pages
par DV Arts Graphiques à La Rochelle
Impression réalisée par ROTOLITO S.p.A. en août 2019
pour le compte des Éditions Bayard
Imprimé en Italie

J. J. Howard

CŒUR GRENADINE

Gnocchi thérapie

Traduit de l'anglais (États-Unis)
par Maud Ortalda

bayard jeunesse

Pourquoi je préfère les chiens aux gens

1. Les gens se plaignent. Les chiens, jamais.

2. Les gens peuvent être sournois. Quand un chien est fâché, il aboie, ou alors il peut mordre. Mais il n'est jamais sournois.

3. Les gens n'ont pas de fourrure et, s'ils se mettent à te lécher les mains, c'est bizarre. Du côté des chiens, c'est une belle preuve d'amour.

4. Ils t'aiment quoi qu'il arrive. (Ça, c'est uniquement les chiens.)

1

La Monstre du Placard

Ce n'est pas si difficile que ça d'être invisible. Voyons voir... Déjà, il ne faut pas parler. Par exemple, je n'ai pas prononcé un mot de toute l'année en cours de maths. C'est pour ça que Mme Lawrence ne m'a jamais interrogée.

Ensuite, si possible, il faut avoir l'air le plus banal du monde. Moi, j'ai les cheveux châtain clair, les yeux marron sans intérêt et le teint pâle. Si vous le pouvez, soyez de taille et de corpulence moyennes, ça aide aussi.

Enfin, passez tout votre temps dans un placard. J'y reviendrai tout à l'heure.

Entendons-nous bien, je ne recommande pas particulièrement d'être invisible. Je dis juste qu'être invisible, c'est facile. Du moins en ce qui me concerne.

Je tiens de mon père, c'est certain, parce que ma mère est du genre super visible. Elle a les cheveux brillants et les yeux pas du tout ternes. Même si, techniquement, ces derniers temps elle est plutôt invisible pour Papa et moi, puisqu'elle a quitté la maison l'an dernier.

Mais revenons à cette histoire de placard. C'est mon endroit préféré. Ma meilleure amie, Melody, qui était un génie (enfin, je suis sûre qu'elle l'est *toujours*, mais, comme elle a déménagé à Boston l'année dernière, je pense toujours à elle au passé), m'a dit que, si j'aimais les placards, c'est parce que je suis *chasmophile*. C'est-à-dire que, comme certaines plantes, j'apprécie les petits espaces et les recoins. Mel adorait les mots savants.

Ma mère, qui n'avait pas d'adoration particulière pour les mots savants, m'appelait simplement la

Monstre du Placard. Elle utilisait toujours le mot « monstre » pour décrire quelqu'un qui adorait quelque chose : mon père était le Monstre du Sport, mais plus tard il est devenu le Monstre du Canapé. Ma mère était la Monstre du Shopping – surtout la Monstre des Chaussures.

Et moi, je suis la Monstre du Placard. En fait, je serais plutôt la Monstre des Chiens, parce que j'adore vraiment les chiens. Mais ma mère détestait tout ce qui a des poils ou qui bave, donc elle faisait toujours comme si mon amour des animaux n'était qu'une phase passagère, alors que c'était tout le contraire.

Quoi qu'il en soit, le soir de l'incendie, j'étais comme d'habitude assise dans mon placard.

Je dressais une liste qui expliquait pourquoi je préférais les chiens aux gens. Dans ma chambre, j'avais tout un tas d'autres listes, dont la plus récente expliquait pourquoi je méritais d'avoir un chien. J'avais prévu de la soumettre au Monstre du Canapé très bientôt.

Je demandais un chien quasiment depuis ma naissance. Et je dois dire que je mérite d'en avoir un plus que n'importe qui. Presque tous les jours après l'école, je fais du bénévolat aux Pattes Orphelines, le refuge pour animaux de la ville. Si quelqu'un a prouvé sa capacité à s'occuper d'un animal, c'est bien moi.

Tout en commençant ma nouvelle liste, je réfléchissais à mon invisibilité croissante depuis que Mel avait déménagé. Ça pouvait être agréable de se fondre dans le décor de temps en temps, mais en général je me sentais surtout assez seule.

J'étais tellement perdue dans mes pensées que je ne sentis pas l'odeur de la fumée. Et, comme la porte du placard était fermée et que j'avais mes écouteurs dans les oreilles, je n'entendis pas non plus les sirènes.

Papa ayant oublié que j'étais la Monstre du Placard, c'est le dernier endroit où les pompiers cherchèrent. Je crois qu'ils durent fouiller la maison deux fois. Ça commençait à s'enfumer sérieusement quand un pompier ouvrit la porte d'un coup et me cria quelque chose avant de me jeter sur son épaule comme un sac de patates pour me sortir de la maison. Je restai assise sur la pelouse à tousser sous les yeux de tous nos voisins. Pas de doute, cette fois, mon bouclier d'invisibilité était en panne.

– Où est mon père ? demandai-je au pompier qui m'avait déposée sur l'herbe.

Il se contenta de me jeter un regard noir avant de retourner vers la maison. Quelques secondes plus tard, un autre pompier sortit en soutenant mon père. Papa avait le visage très rouge et toussait encore plus fort que moi.

Je m'élançai vers lui. Je ne me souvenais même plus de la dernière fois où nous nous étions pris dans les bras. Mon père n'était pas le genre à faire des câlins. Mais, là, il me souleva et me serra très fort contre lui.

Quelques secondes plus tard, il me reposa pour me crier dessus :

– J'ai frôlé la crise cardiaque ! Où est-ce que tu te cachais, Cécilia ? Pourquoi tu n'es pas sortie en entendant les sirènes ?

Je restai clouée sur place. Entre le stress d'être extraite de ma confortable cachette pour être balancée sans cérémonie sur l'herbe mouillée, et maintenant les hurlements, je dus retenir mes larmes de toutes mes forces.

– Pardon, dis-je en levant les mains en signe de capitulation.

Tout ce que je voulais, c'était que Papa ne soit plus fâché contre moi.

– Excuse-moi, Cécilia, reprit-il plus doucement. Mais tu m'as fait la peur de ma vie. Je ne te trouvais pas...

Sans terminer sa phrase, il me serra encore dans ses bras.

Je regardai les pompiers arroser notre maison à la lance d'incendie jusqu'à ce que l'un d'eux entraîne Papa à l'écart pour lui parler. Il revint pour m'annoncer que nous allions devoir aller chez ma tante Pamela, au moins pour cette nuit.

Chez Pamela ?

Sans vouloir exagérer, j'aurais presque préféré qu'on me laisse dans mon placard.

2

Je tombe amoureuse de tous les chiens que je rencontre, mais cette fois c'est différent

– Céciliaaaaaa !

J'entendis Lori hurler mon nom à peine la porte des Pattes Orphelines ouverte.

Lori est géniale. C'est elle qui dirige le refuge toute seule. Elle a convaincu beaucoup de monde de devenir bénévole, mais je crois que je suis sa préférée.

Elle appréciait sûrement que je sois là de bon matin alors que ma maison avait pris feu la veille, mais, pour être honnête, j'étais surtout contente d'échapper à ma tante Pamela avant qu'elle décide d'organiser mon samedi sans me demander mon avis.

Lori fondit sur moi pour me serrer contre elle.

– Oh là là, tout le monde a entendu les pompiers hier, mais dire que c'est *ta* maison... ! Tu vas bien ? Et ton père ? demanda-t-elle en m'examinant sous toutes les coutures. Ta maison est dans quel état ?

– On va bien tous les deux. Pour le reste, je ne sais pas. On est allés chez ma tante.

Rien que l'idée d'y retourner dans quelques heures me terrifiait.

– Les pompiers ont dit à Papa qu'on n'avait pas le droit de rentrer à la maison pour le moment.

– Oh, je suis désolée de l'apprendre. Mais je suis contente que tu sois là aujourd'hui. On a un petit nouveau qui a besoin de soins.

Un minuscule gémissement attira mon attention. Mitch, l'assistant vétérinaire du cabinet du Dr Mercer, qui passait de temps en temps au refuge, se tenait près de la table d'examen. Le gémissement devait provenir du petit tas brun enveloppé dans une couverture rose miteuse, à ses côtés.

Je m'approchai. Il y avait bien un chien là-dessous, quelque part sous la saleté. C'était un adorable petit carlin à la figure noire toute plissée, la fourrure blonde toute sale, et beaucoup, beaucoup de bave. Mon cœur bondit en découvrant une tache de sang sur la table.

Puis je commis une erreur de débutante : je regardai ce chien droit dans les yeux. Et il me rendit mon regard.

Dans les livres, on lit souvent des histoires de cœurs qui fondent, et ça m'avait toujours paru un peu bête, mais, là, c'était exactement ce que je ressentais. Je me rapprochai encore du pauvre petit bonhomme qui n'arrêtait pas de me regarder. Ni de baver.

– Il va très mal ? demandai-je à Mitch en détachant les yeux du petit chien.

Le hochement de tête triste de Mitch fit fondre mon cœur un peu plus.

– Le pauvre a vécu un calvaire. Des employés municipaux l'ont trouvé derrière une benne à ordures près du supermarché. On dirait bien qu'il s'est fait renverser par une voiture. Le conducteur s'est sûrement enfui en le laissant là.

– Les gens sont horribles !

Tout le monde hocha la tête. Quand on s'occupe d'animaux abandonnés, on finit toujours par ressentir ça à un moment ou à un autre.

– Il a quelques côtes cassées, des entailles... et la gale, apparemment. Il est sous-alimenté et très déshydraté, expliqua Mitch.

– Pas de collier ni de tatouage, ajouta Lori. S'il a appartenu à quelqu'un, son maître ne s'en est pas bien occupé du tout.

Les yeux du petit chien ne me quittaient pas. Il gémissait tout doucement, juste assez fort pour que je puisse l'entendre. Je levai la main pour le caresser.

– Sois prudente, Cécilia. Il grogne quand on...

Mais je caressais déjà la tête du carlin, qui fermait les yeux. Il ne pleurait plus. Sa fourrure était douce. Il remua un peu pour se rapprocher de ma main avec un petit geignement.

– Alors, petit gnocchi ? dis-je tout doucement.

– Gnocchi ? répéta Lori.

– C'est vrai qu'il ressemble à un gnocchi ! gloussa Mitch. Pauvre petit bonhomme.

– Il faut que j'aille à Winchester récupérer les dons, me dit Lori. Si je n'y vais pas, Mme Frederick va... Enfin, tu sais comment elle est. Et Mitch doit retourner au travail. Est-ce que ça t'ennuie de t'occuper de lui jusqu'à mon retour ?

– Mais... Et ses blessures ? demandai-je.

Je pouvais facilement nettoyer les entailles, mais je n'étais pas du tout qualifiée pour régler les problèmes médicaux plus graves.

– Il n'y a pas grand-chose à faire pour ses côtes, à part le maintenir le plus immobile possible, m'expliqua Mitch. Et il a l'air plutôt bien, là.

Les yeux clos, Gnocchi se blottissait contre mon bras.

– D'accord. Au fait, il s'appelle Gnocchi, annonçai-je.

– Évidemment, conclut Lori. Merci, Cécilia. Je reviens vite.

– D'accord, salut, dis-je sans quitter des yeux ce tout petit chien joyeusement lové contre moi.

Comme peu de monde venait au refuge à cette heure de la journée, je pouvais rester seule.

Je chantai des chansons à Gnocchi pendant une bonne heure tandis qu'il somnolait. Ça m'arrivait souvent de chanter pour les chiens du refuge, tant que personne d'autre ne m'entendait.

« Gnocchi, Gnocchi, le plus mignon du monde, avec une tête toute ronde, j'adore caresser ta fourrure blonde... »

Je continuai à fredonner mes rimes nulles en observant le refuge autour de nous : l'aire de jeu, jonchée de jouets pour chiens, la table d'examen où je me trouvais avec Gnocchi. On entendait les aboiements à l'arrière dans le chenil, là où nous gardions les chiens. Il n'y en avait que deux : un gentil croisé labrador chocolat et un puggle noir et grognon. Comme Lori les avait déjà nourris, ils jouaient tranquillement dans leurs cages. Ça m'attristait que les chiens passent le plus clair de leur temps dans des espaces aussi réduits, mais Lori s'arrangeait pour qu'ils aient le plus de confort possible.

Je finis par me décider à nettoyer le petit Gnocchi. Très délicatement, je lui enlevai sa couverture miteuse et l'emportai à la baignoire pour chien près de la fenêtre. Puis je lui donnai le plus long et le plus doux des bains de l'histoire des bains de chiens. Je voulais éviter le plus possible de le faire bouger, comme Mitch me l'avait conseillé. Je le rinçai, encore et encore, mais on aurait dit qu'il y avait toujours plus de saleté.

Beaucoup de chiens ne regardent pas les humains droit dans les yeux, surtout les chiens rescapés. Mais pas Gnocchi. Il ne me quittait pas du regard. Je me dis qu'il me faisait confiance, qu'il savait que je ne lui ferais pas de mal. Ce qui était plutôt incroyable, vu ce qu'il venait de traverser.

À la fin du bain, je le séchai tout doucement, soulagée qu'il ait le poil court. Puis je m'attaquai à nettoyer et désinfecter ses plaies. Il avait l'oreille toute déchirée. Il gémit un peu quand je posai les pansements. Ça me fit monter les larmes aux yeux.

Quand j'eus terminé tout ce que je pouvais faire, je m'assis par terre avec Gnocchi sur les genoux pour le caresser et lui raconter ma vie.

Si je m'étais adressée à un être humain, l'histoire aurait été courte. Mais, à un chien, je pouvais raconter tout ce que personne d'autre n'avait envie d'entendre. Je lui parlai de la quatrième, de ma pire matière (les maths) à ma préférée : l'histoire, avec M. Key, toutes ses anecdotes et sa gentillesse. C'était le seul cours où je m'asseyais exprès au milieu de la salle plutôt qu'au fond.

– Mon père était prof, dis-je à Gnocchi, qui ne levait la tête que quand j'arrêtais de le caresser. Prof d'EPS, tu y crois ?

Gnocchi émit un petit grognement. Il avait l'air de détester le sport autant que moi.

– Tu vois ce que je veux dire. Le sport serait ma matière détestée, mais heureusement on n'est pas obligé d'en faire en quatrième dans mon collège. Enfin bref, Papa a arrêté d'être prof de sport parce qu'il a pris des cours du soir en droit pendant une éternité et il a enfin obtenu son diplôme. Donc, maintenant il est avocat, mais pas le genre d'avocat qui gagne beaucoup d'argent. Je crois qu'il aime bien aider les gens...

Gnocchi continuait d'écouter patiemment, ravi que je lui gratte l'arrière des oreilles (de temps en temps, je lui plantais un bisou sur la tête). J'eus l'impression qu'il saisissait particulièrement bien quand je lui parlais de Melody qui avait déménagé et qui était toujours trop occupée pour m'appeler depuis qu'elle s'était inscrite chez les pom-pom girls de son nouveau collège.

Je continuai de gratter le ventre de Gnocchi qui grognait joyeusement après être arrivée à court d'histoires à lui raconter.

Une autre heure s'écoula avant que Lori débarque en trombe par la porte de derrière. Elle n'entre jamais dans une pièce : elle débarque toujours en trombe. J'adore Lori. Elle a la trentaine, elle porte toujours des chaussures à paillettes et un rouge à lèvres rouge vif qui serait ridicule sur n'importe qui d'autre, mais qui lui va à ravir. Ce sont ses parents qui ont fondé le refuge des Pattes Orphelines, mais elle s'en occupe depuis qu'ils ont pris leur retraite il y a trois ans. D'après Mitch, Lori y a ajouté beaucoup de couleurs et de personnalité.

Elle regarda le petit chien sur mes genoux.

– Tu l'as lavé ?

– J'ai fait du mieux que j'ai pu. J'aimerais bien pouvoir le ramener chez moi.

– Je croyais que tu n'avais pas encore le droit de retourner dans ta maison ?

– Je voulais dire, pas *chez moi* exactement. Mais ma tante est allergique aux chiens. Je disais ça comme ça...

Gnocchi leva la tête vers moi. Il avait l'air soucieux, comme un petit vieillard. Monsieur Gnocchi le petit vieillard. Son expression s'illumina de bonheur quand je caressai ses oreilles duveteuses.

– Les deux autres sont restés sages ? demanda Lori.

– Oui, assez. Ils ont un peu aboyé, mais ils n'ont pas bougé.

– Il est tellement mignon, dit Lori en souriant à Gnocchi. Je suppose que tu reviens le voir demain ?

– C'est sûr.

Elle souleva Gnocchi. Je n'aimais pas l'idée de le mettre dans une cage, mais c'était nécessaire pour qu'il puisse se reposer. Je m'essuyai le coin des yeux. Mais des larmes continuèrent de couler quand même.

Avec la couverture la plus douce de tout le refuge, j'enveloppai Gnocchi comme un petit burrito. Il émit le plus adorable des soupirs de chien, s'installa, et ferma les yeux.

– Allez, viens, dit Lori. Je te ramène chez ta tante.

– Merci, Lori.

Après m'être lavé les mains, je retournai à la cage de Gnocchi et lui caressai quand même la tête à travers les barreaux. J'aurais pu jurer qu'il souriait.

– Prête, Cécilia ?

– Au revoir, petite patate, dis-je tout bas.

À le voir lové dans sa couverture, je ne pus m'empêcher de ressentir un regain d'espoir pour lui. Et, pour la première fois depuis l'incendie, je souris sincèrement.

Pourquoi Cécilia Murray devrait avoir un chien

1. J'ai prouvé que je peux m'occuper correctement d'un chien en étant bénévole aux Pattes Orphelines depuis 8 mois entiers.

2. Je nourrirai et sortirai mon chien TOUS LES JOURS. Papa n'aura JAMAIS à le faire.

3. Les chiens aboient en cas d'intrusion = protection gratuite de la maison. (Ils aboient aussi quand la maison est en flammes et que leur maîtresse est dans le placard.)

4. Depuis que Melody est partie, je suis toute seule. Tout le temps.

5. Je suis plus douée avec les chiens qu'avec les gens.

3

Franchement, Cécilia

– Franchement, Cécilia, dit Pamela avant de pousser un gros soupir.

« Franchement, Cécilia », c'est comme ça qu'elle débute toutes ses phrases quand elle s'adresse à moi. Si je vivais avec elle depuis toute petite je croirais sûrement que c'est mon nom, à l'heure qu'il est.

Pamela me conduisait au collège pour que Papa puisse s'occuper des papiers d'assurance, ou je ne sais pas quoi.

Enfoncée dans mon siège, j'essayais de me convaincre que vivre avec elle n'était pas *si* horrible.

Déjà, elle faisait les meilleures gaufres du monde. Je ne me souvenais plus de la dernière fois où j'avais mangé un si bon petit-déjeuner un jour d'école.

Ma tante est la sœur aînée de Papa. Elle protège beaucoup son frère et n'aime pas que je lui complique la vie. Ce qui arrive tous les jours, puisque je suis *sa fille*.

– Je te pose la question, Cécilia, qu'est-ce que tu fabriquais là-dedans, dans le noir, assise... *par terre* ?

Je sortis d'un coup de ma torpeur post-gaufres, juste à temps pour entendre la question de ma tante.

– Tu avais une maison entière à ta disposition mais toi, tu as choisi le *placard* ? Je ne comprends pas.

Je songeai à lui rétorquer qu'il n'y faisait pas noir... Après tout, j'avais une guirlande lumineuse violette. Mais expliquer à ma tante que non seulement je passais mon temps dans le placard, mais qu'en plus je l'avais décoré, ne me sembla pas être l'idée du siècle.

– Je suis *désolée* de ne pas avoir entendu les sirènes.

– Hmmff, fit Pamela en s'arrêtant au feu rouge.

Pour me sentir mieux, je me mis à penser à Gnocchi. J'étais tellement impatiente de le retrouver après les cours.

Tante Pam se tourna vers moi.

– Tu sais, il va vraiment falloir faire quelque chose pour tout ça, dit-elle avec un vague geste de la main vers moi.

– Tout ça quoi ?

– Tu sais... Pour commencer, tes vêtements, évidemment. Je vais en toucher deux mots à ton père. Et puis, tes cheveux...

– Qu'est-ce qu'ils ont, mes cheveux ?

– C'est juste qu'il faudrait... leur donner un peu de forme.

– D'accord, marmonnai-je en m'enfonçant dans le siège, bras croisés.

Nous n'étions qu'à deux rues du collège, elle allait bien finir par manquer de temps pour énumérer la longue liste de tous mes défauts.

Avec un gros soupir, je demandai :

– Quoi d'autre ?

– Pardon ? bégaya-t-elle de surprise.

– Autant tout dire une bonne fois pour toutes, non ?

– Franchement, Cécilia..., commença-t-elle.

– Pourquoi est-ce qu'on parle de ma coiffure ? Je te rappelle que ma maison a presque entièrement brûlé il y a deux jours !

Je me sentais mal de répondre à Pam, mais je ne pouvais pas m'en empêcher.

– N'exagère pas, Cécilia. Les dégâts concernent uniquement la cuisine et le salon.

– Ça fait la moitié de la maison.

– Oui, d'accord. Mais je suis sûre que les pompiers préviendront ton père dès que vous pourrez y retourner. Il va y avoir un sacré ménage à faire.

– Est-ce qu'ils savent d'où vient l'incendie ? demandai-je, soulagée, pour une fois, de ne jamais avoir eu le droit d'avoir des bougies dans ma chambre.

– Un problème électrique, répondit Pam, vaguement. Ce n'est la faute de personne.

Je n'avais pas encore réfléchi à l'état de ma chambre. Au départ, j'avais été trop gênée qu'on ait dû me secourir, puis soulagée que Papa soit sain et sauf. Puis j'avais été trop préoccupée par le fait de devoir habiter chez ma tante pour une durée indéterminée. Pour finir, j'avais passé toute la soirée d'hier à penser à Gnocchi.

– Je suis sûre qu'on pourra aller chercher tes affaires bientôt, dit Pam.

Quand elle se gara devant le collège, j'attrapai rapidement mon sac à dos.

– Merci de m'avoir emmenée, dis-je en bondissant de la voiture.

– De rien, Cécilia. À quelle heure tu termines ? Je viendrai te chercher.

– Merci, mais je travaille, dis-je en claquant la portière sans faire exprès.

Ma tante baissa la vitre et me gronda :

– Jeune fille, les personnes bien élevées ne claquent pas les portes. Et qu'est-ce que tu entends par « travailler » ? Tu as un emploi ?

– Je fais du bénévolat. Dans un refuge pour chiens. Je t'en ai parlé à Noël, tu te souviens ?

– Ton père est au courant ?

– Oui !

Je m'élançai vers le collège, autant pour ne pas être en retard que pour échapper à Pam.

Je me précipitai jusqu'à mon casier pour récupérer mes manuels, claquai la porte, me retournai et... me cognai à quelque chose.

Ou plutôt *quelqu'un*.

Je tombai à la renverse au milieu des papiers et des livres. J'étais rentrée dans Éric Chung, le garçon le plus populaire de toute la quatrième – et qui le savait.

De tous les gens contre lesquels je pouvais me cogner, il fallait que ce soit lui !

Éric s'accroupit pour rassembler les papiers éparpillés dans tout le couloir.

– Hé, ça va ? demanda-t-il.

– Tout va bien !

Au vu de l'expression horrifiée d'Éric, je compris que j'avais quasiment hurlé. Je crois que j'en avais fait un peu trop en voulant faire mine de maîtriser la situation.

« Franchement, Cécilia », dit une voix dans ma tête.

Abasourdi, Éric me tendit mes affaires.

– Tiens, dit-il avec prudence, comme si j'allais lui crier dessus de nouveau.

– Désolée, dis-je sans le regarder. D'avoir crié, je veux dire. J'étais juste... je..., enfin...

D'abord la chute, puis les hurlements... Tout ce que je voulais, c'était récupérer toutes mes affaires et fuir.

Je levai les yeux vers ceux, très noirs, d'Éric qui me regardait. Il avait l'air plus inquiet qu'effrayé, tout compte fait. Peut-être n'était-il pas aussi odieux que je l'avais toujours cru. Je retins mon souffle quand il ouvrit la bouche.

– Euh, est-ce que tu t'es cogné la tête ? demanda-t-il d'un ton qui suggérait que je m'étais sûrement abîmé le cerveau aussi.

– Non, soufflai-je, décidant que le Éric gentil n'avait été qu'un mirage.

Je me relevai en m'époussetant et m'aperçus que nous étions désormais tous les deux en retard pour le cours de SVT. Je lui emboîtai le pas jusqu'à la salle.

Depuis son estrade, Mme Wilson lança un regard exaspéré : apparemment, tout le monde avait déjà commencé le contrôle. Mais, quand elle vit que c'était Monsieur Parfait qui entrait, elle lui sourit.

Puis elle m'aperçut derrière lui et, alors qu'elle s'apprêtait à me faire une remontrance, Éric la prit de vitesse :

– J'ai fait tomber mes affaires et Cécilia m'a aidé à les ramasser, dit-il en lui décochant l'un de ses sourires parfaits.

Tellement pénible. Les règles semblaient ne jamais s'appliquer aux garçons comme Éric Chung.

Après quelques secondes d'hésitation, Mme Wilson hocha la tête et me tendit la feuille de contrôle.

Je me glissai à ma table au fond de la salle. Mme Wilson avait fait un plan de classe, mais par chance j'avais obtenu la place que je voulais.

Éric s'installa au premier rang et commença son contrôle. Il allait sûrement avoir une note parfaite, aussi, tandis qu'avec tout ce qui s'était passé (l'incendie et Gnocchi) j'avais oublié de lire les chapitres pour le contrôle. Alors j'inventai des réponses et attendis que Mme Wilson ramasse nos feuilles en dessinant la petite figure plissée de Gnocchi dans la marge et en priant pour que la journée passe plus vite et que je puisse le retrouver bientôt.

Dès la fin du dernier cours, je me précipitai aux Pattes Orphelines malgré la pluie et alors que j'avais oublié mon parapluie. Mais Gnocchi n'était pas dans sa cage. La panique m'envahit : et si Lori lui avait déjà trouvé une nouvelle famille ? Il n'était pas prêt pour ça, j'en étais sûre ! Ses entailles n'avaient pas pu cicatriser aussi vite, et encore moins ses côtes cassées ! Si une famille avec de petits enfants l'adoptait, ils le laisseraient bouger beaucoup trop et...

Je passai dans la petite cour de derrière. Le soleil perçait à peine les nuages, mais la pluie avait cessé. Le soulagement me submergea à la vue de Gnocchi assis sur le béton, attaché à un piquet près de la pelouse. Il se mit tout de suite à sautiller, alors je m'assis rapidement avec lui pour l'empêcher de trop bouger. Je le posai sur mes genoux et embrassai le duvet doux de ses oreilles, heureuse pour la première fois de la journée.

Après avoir profité du soleil un long moment, je l'emmenai à l'intérieur pour examiner ses blessures. Je changeai le pansement à son oreille pendant qu'il me léchait le visage. J'essayais d'éviter sa langue mouillée en rigolant, quand Lori entra.

– Je vois que tu as trouvé ton patient. On a accueilli une nouvelle portée ce matin. Abandonnée devant une église pas loin. C'est un ado qui nous a prévenus.

– Chouette, dis-je en brossant le dos de Gnocchi.

– Cécilia ! Cinq chiots abandonnés, ce n'est pas « chouette ».

– Non, je ne parlais pas de ça, évidemment. Mais les chiots, c'est toujours chouette.

– Oui, j'imagine, soupira Lori. Tu peux m'aider à les vacciner ? Si tu arrives à te détacher de ce petit gars quelques minutes, bien sûr.

– Pas de problème. Je peux rester aussi longtemps que tu veux. Et je termine plus tôt mercredi, donc je pourrai venir t'aider pour la journée des adoptions.

– Ah, super ! s'exclama Lori, avant de poursuivre d'un ton grave : Cécilia, il faut que je te dise. Je me fais du souci pour toi. À ton âge, je passais mon temps au centre commercial avec mes copines quand on sortait de cours plus tôt... Je n'allais pas aider les vieilles dames à la foire aux adoptions.

Je levai les yeux au ciel. Lori était loin d'être une vieille dame, et elle le savait. En revanche, pour les sorties entre copines, elle marquait un point. Je tortillai l'une des oreilles de Gnocchi. Avant, j'avais quelqu'un avec qui sortir... Mel. Et puis elle avait déménagé.

Lori comprit sans que je dise rien.

– Cécilia, c'était quand, la dernière fois que tu as parlé à quelqu'un d'autre que Mel ? demanda-t-elle.

Ma collision avec le très prétentieux Éric Chung flotta un instant dans mon esprit.

– Ça fait longtemps, avouai-je.

Lori secoua la tête.

– Je sais que c'est plus facile avec les animaux, dit-elle. Mais on ne peut pas traîner au centre commercial avec eux. Et on ne peut pas aller avec eux à un bal de fin d'année.

– J'aimerais bien, répondis-je avec mélancolie.

– C'est bon, j'abandonne. Je t'ennuierai avec ça plus tard. Pour le moment, il faut s'occuper des chiots.

Je passai le reste de l'après-midi à aller voir le petit gnocchi de patate en douce, entre la pesée, le bain et les vaccins de la portée d'adorables petits chiens gris et noirs.

Quand l'heure de partir sonna, j'apportai des biscuits au poulet à Gnocchi. J'en cassai deux, que j'introduisis dans sa cage pour le distraire pendant que je sortirais. Si je pouvais l'amener à associer mon départ à quelque chose de positif, il le supporterait mieux.

Alors qu'il mâchonnait joyeusement ses biscuits, je me glissai par la porte de derrière en pensant à ce que m'avait dit Lori.

4

Qui se rapporte aux tortues

Le lendemain, mardi, je ne pus me rendre aux Pattes Orphelines parce que je devais voir mon « groupe » pour travailler sur un exposé d'histoire.

Allie Cross, la meilleure élève de notre promo et aussi l'une des plus populaires, s'était imposée comme chef du groupe. Allie possédait une chevelure blonde parfaitement ondulée, et la rumeur voulait qu'elle soit sortie avec Éric Chung l'an dernier. Allie appartenait, avec Éric, sa sœur jumelle Lily Chung, et quelques autres élèves, à un cercle social dont je ne pouvais jamais espérer faire partie.

Même si je n'avais pas tellement envie de faire partie de quoi que ce soit.

Allie nous assigna nos tâches. Je devais écrire une partie sur une région au centre des États-Unis. Ça n'avait pas l'air palpitant, mais qui étais-je pour contredire Allie Cross ?

En rentrant, je commençai mes recherches. Je fus interrompue dans ma lecture par une demande d'appel sur l'ordinateur. J'acceptai et, quelques secondes plus tard, Mel me faisait coucou depuis des centaines de kilomètres.

La joie m'envahit. C'était génial de la revoir pour la première fois depuis une éternité. Ses mots savants et son sens de la mode me manquaient. Non seulement elle était capable de choisir les tenues idéales pour aller avec sa petite carrure et ses cheveux bouclés, mais elle m'aidait toujours à trouver les boucles d'oreilles ou le tee-shirt parfaits pour moi. Aujourd'hui, elle portait un haut à paillettes qui faisait ressortir ses yeux bleus.

– Cécé ! Tu m'as manqué ! Comment ça va ? demanda-t-elle.

Je lui racontai l'histoire de l'incendie et elle posa toutes les questions que tout le monde n'arrêtait pas de me poser, ce qui m'amena à lui expliquer que c'était un problème électrique, que ce n'était la faute de personne et que j'ignorais quand je pourrais rentrer à la maison.

– Mais pourquoi tu ne m'as rien dit? dit-elle d'une voix suraiguë.

– Ça vient juste d'arriver!

– Tu aurais quand même dû m'appeler.

Je lui rappelai pour la millionième fois que j'étais probablement la seule adolescente d'Amérique à ne pas posséder de téléphone portable.

– Et puis j'ai dû aller au refuge et il y avait ce chien, c'est le chien le plus mignon que j'aie vu de ma vie...

– Cécilia! Encore un chien? Il faut que tu entres dans le monde des êtres humains. Tu es en train de te transformer en ermite. Tu n'appelles même pas ta meilleure amie alors que ta maison est presque partie en fumée! Tu deviens un *chélonien*!

– Un «chélonien»?

– « Qui se rapporte aux tortues », récita Mel. En d'autres termes : *comme toi*. Toujours à rentrer dans ta carapace pour te protéger de tout et n'importe quoi.

– C'est très psychologique, tout ça. Ce nouveau collège d'excellence te monte à la tête.

Mel renifla.

– Pas vraiment. Ici, tout le monde est tellement prétentieux ! Il n'y a pas un jour qui passe sans qu'on décoche un regard méprisant à mes sandwichs au beurre, ou qu'on me demande si je bois de *l'eau de coco*.

Elle fit la grimace avant de reprendre :

– Enfin bref, je suis vraiment désolée pour ta maison et tout le reste. Je sais que ta tante t'énerve, ajouta-t-elle tout bas.

– Oui, elle est assez insupportable, mais au moins on a un toit.

Je n'eus pas le temps de continuer parce que Mel eut l'air distraite, comme si quelqu'un lui parlait.

– Pardon, Cécé, je dois y aller. Mes parents m'emmènent aux pom-pom girls. Le match le plus important arrive, alors on a doublé nos heures d'entraînement.

– D'accord, dis-je, résignée. Tu me manques trop.

Mes conversations avec Mel semblaient toujours trop courtes.

– Toi aussi tu me manques, petite tortue, répondit Mel.

Il faisait gris et froid mercredi matin, mais quand la sonnerie annonçant la fin des cours retentit le soleil brillait dans le ciel.

Je me précipitai à la petite librairie de Vine Street où Lori installait toujours son stand pour la journée des adoptions. Le magasin appartenait à sa meilleure amie, Sally, qui vendait des livres d'occasion et servait du café et des pâtisseries délicieuses. Nous installâmes les tables sur le trottoir pour déposer les cages des chiens pleins d'espoir, parfaitement propres et brossés, à la recherche de leur nouvelle famille. Nous avions amené les chiots gris et noirs dont je m'étais occupée lundi, le labrador chocolat et le puggle noir. J'étais secrètement soulagée que Lori ait décidé de garder Gnocchi avec nous encore un peu avant de lui trouver un foyer. Il était tout seul au refuge, mais Mitch avait promis d'aller le voir souvent pendant notre absence. Je soupçonnais Lori de retarder l'adoption, au cas où mon père et moi puissions retourner dans notre maison sous peu (et que j'arrive à convaincre Papa de me laisser avoir un chien, bien sûr).

Nous avions aussi deux chats blancs à poil long. Lori avait plutôt l'habitude de recueillir des chiens, mais ça lui arrivait de faire quelques exceptions. Après tout, l'une comme l'autre nous adorions tout ce qui était mignon, sans distinction.

– Lori, tu as déjà eu des tortues au refuge ? lui demandai-je en repensant à ma conversation de la veille avec Mel.

– Quoi ? fit Lori en levant les yeux de son carnet. Pardon ! J'essaie de mettre au clair le budget du mois prochain. Tu voudrais bien aller me chercher un café glacé ? (Elle me tendit un billet de cinq dollars.) Et prends-toi quelque chose aussi !

– Pas de problème.

Je me levai de ma chaise. La rue était presque déserte. Lori n'avait probablement même pas besoin de mon aide aujourd'hui. Je commandai son café glacé et une limonade pour moi. En attendant, je songeai à retourner en douce au refuge pour passer du temps avec Gnocchi.

Quand je ressortis, une famille avec une grande fille et un garçon plus petit demandait à voir les chiots.

– Je m'en occupe, dis-je à Lori, qui me sourit avec gratitude.

J'attachai le harnais à l'un des cinq chiots, le plus mignon, un gris que j'appelais Oreo. Lori me conseillait toujours de ne pas donner de nom aux chiens, mais je n'obéissais jamais. Même sans les nommer à voix haute, je pensais à eux par les noms que j'avais trouvés. En plus d'Oreo, j'avais appelé les quatre autres : Haribo, Twix, Mars et Bounty. Dans ma tête, évidemment. Je dois avoir un penchant pour les noms d'aliments.

La fillette prit Oreo contre elle en couinant de plaisir, mais son frère en eut peur alors que le chiot gigotait simplement d'enthousiasme. C'est ainsi que le petit chien perdit sa chance de trouver un foyer pour cette fois. Quelques instants plus tard, la famille finit par s'éloigner. La mère me remercia et le père, lui, sembla seulement soulagé.

Oreo dans les bras, je les regardai s'en aller. J'avais beau voir cette situation se produire souvent, ça me brisait toujours le cœur pour les pauvres petits chiots orphelins qui étaient si près de trouver un foyer.

– Désolée, mon grand, dis-je à Oreo avec un baiser sur la tête, auquel il répondit par un coup de langue sur ma joue.

Au lieu de me contenter de le reposer avec ses frères et sœurs, j'entrai avec lui dans la grande cage et m'assis pour les laisser me grimper dessus. Je gloussai pendant qu'ils tentaient de me sauter sur les genoux tous en même temps et, l'espace de quelques minutes, j'oubliai mes soucis en jouant avec eux.

Jusqu'à ce qu'une grande ombre passe sur nous. Je levai les yeux.

Éric Chung se tenait au-dessus de moi. À contre-jour, je ne voyais pas l'expression de son visage.

Argh ! Que faisait-il ici ?

Je me redressai en poussant les chiots avec douceur. Une fois sortie de la cage, je m'aperçus qu'Éric était accompagné d'une femme qui devait être sa mère. Et, cette fois, je pus constater avec certitude qu'il se moquait de moi.

Évidemment.

Je me redressai un peu plus. Je n'appréciais pas du tout les airs supérieurs d'Éric Chung. Sa famille était extrêmement aisée et il ne laissait jamais personne l'oublier. Lui et Lily avaient toujours les smartphones dernier cri qu'on ne trouvait qu'au Japon. Et chaque fois que je voyais Éric utiliser le sien au collège, il avait ce sale petit sourire suffisant plaqué sur le visage.

– On peut vous aider ?

Mon ton agacé attira l'attention de Lori. Le sourire d'Éric s'estompa un peu.

– On cherche un chien.

– Pourquoi venir chercher *ici* ? rétorquai-je, sans réfléchir.

Tout le monde connaissait les chiens de la famille Chung. Ils en avaient plusieurs et tous avaient remporté des prix à des concours canins. Leurs deux chows-chows avaient reçu les plus hautes récompenses. Et il y en avait quatre autres : un labrador et trois corgis. Tous de race, avec pedigrees, puisque les chiens croisés n'avaient pas le droit de participer. Je ne voyais donc pas ce que les Chung faisaient à la journée des adoptions de Lori.

– Cécilia ! s'écria cette dernière. Veuillez m'excuser, dit-elle à Éric et Mme Chung qui caressaient le puggle. N'hésitez pas à me demander si vous voulez que je vous présente un de ces petits bonshommes.

Mme Chung se releva.

– Merci. Mon fils cherche... un type de chien en particulier.

Du type « chien de race », me dis-je en toussotant.

– J'aimerais trouver un chien non croisé, dit Éric à Lori en m'ignorant. Je vais entraîner un de nos chiens pour le prochain concours du Cercle de Winsted. J'aimerais essayer de prouver à... certaines personnes... (Il regarda sa mère.) J'aimerais leur prouver qu'un chien recueilli peut tout aussi bien gagner que les chiens qu'on achète chez les éleveurs.

Mme Chung leva les yeux au ciel mais sourit à son fils.

– Je ne sais pas où il trouve des idées pareilles, dit-elle à Lori. Ce garçon adore les animaux et il m'aide tellement que j'ai accepté de tester sa théorie fantaisiste. Mais je ne vois pas de chien qui corresponde à ce que nous cherchons aujourd'hui, poursuivit-elle à l'adresse de son fils. On pourrait peut-être revenir dans quelques semaines ?

– Nous avons peut-être..., commença Lori.

Je lui lançai un regard d'avertissement.

– Maintenant que je sais ce que vous cherchez, je vais ouvrir l'œil pour vous, reprit-elle. Je vais demander à Mary Carlton à Winchester. Son refuge est plus grand que le nôtre. C'est toujours mieux d'adopter que d'acheter. Je dois dire que votre fils a eu une bonne idée.

Mme Chung la remercia et s'éloigna dans la rue. Éric adressa un signe de tête à Lori puis se tourna vers moi une seconde avant de suivre sa mère.

C'était bizarre qu'il cherche un chien errant pour un concours canin, me dis-je en le regardant partir, mais peut-être aimait-il simplement l'idée de recueillir un chien. Sa famille ne mettrait pas longtemps à aller acheter un nouveau chien plus cher qu'une voiture pour le faire trotter autour d'une piste et gagner le premier prix.

Sa mère avait dit qu'il adorait les animaux, mais quelqu'un qui adore les animaux ne serait pas passé devant six adorables chiens sans sourciller, juste pour trouver le plus beau à afficher en public.

Je poussai un soupir de soulagement à l'idée que notre seul chien de race, Gnocchi, était sain et sauf aux Pattes Orphelines. De toute façon, Éric ne l'aurait jamais choisi : un pauvre petit chien avec une oreille déchirée qui avait l'air, eh bien, d'un gnocchi de patate. L'idée de Gnocchi à un concours canin me fit rire.

– Qu'est-ce qu'il y a de drôle ? demanda Lori.

– Oh, rien.

– Est-ce que tu comptes me dire pourquoi tu as été si désagréable avec ce garçon ?

– Mais je n'ai pas été désagréable ! Enfin, je n'ai pas fait exprès. Pas tout à fait. Il est dans mon collège. Et il est...

Arrogant ? Snob ?

– Je ne l'aime pas trop, c'est tout.

Lori me fixa du regard quelques secondes.

– Pourquoi ai-je l'impression que tu ne me dis pas tout ?

– Mais si ! Je te parie qu'il ne sait même pas comment je m'appelle.

– Si tu le dis, répondit-elle en refermant le coffre du van après avoir chargé les cages. Allez, monte, je te dépose chez ta tante.

Elle poussa le volume de la radio à fond et nous chantâmes pendant tout le trajet, ce qui m'évita de devoir répondre aux questions concernant Éric Chung.

Avais-je été si malpolie ? Éric m'énervait mais... Et s'il avait voulu un des chiens que nous avions aujourd'hui ? Et si mon impolitesse l'avait fait changer d'avis ?

Mel avait peut-être raison. Peut-être étais-je une tortue. Peut-être que tout ce qu'on voyait de moi, c'était ma carapace.

Les différentes façons de s'adresser à moi

1. Cécilia Louise Murray (mon acte de naissance ; mon père quand j'ai fait une bêtise).
2. Chasmophile, chélonien, ou n'importe quel mot à l'ordre du jour (Mel).
3. « La fille là-bas » (pas mal de monde dans ma classe).
4. « Franchement, Cécilia » (Tante Pamela).
5. « Ouaf ! » (Gnocchi).

5

Il n'y a pas de maths dans le foot

Le lendemain, en arrivant en cours de maths, je découvris que Mme Lawrence avait eu son bébé avec trois semaines d'avance. Son remplaçant s'appelait M. Garret, mais il nous dit de l'appeler Chip. Après avoir parlé des nombres décimaux pendant sept minutes, Chip demanda à la classe si nous voulions nous avancer sur nos devoirs ou sortir jouer au foot.

Bien sûr, les moins timides hurlèrent : « Foot ! », alors tout le monde sortit.

– Mais il n'y a pas de maths dans le foot, s'indigna Allie Cross.

Lily Chung, la sœur d'Éric, acquiesça.

Mais c'était trop tard, Chip était déjà parti. Allie referma son manuel avec mécontentement en marmonnant dans sa barbe. Je n'étais fan ni des maths, ni du foot, mais au moins il ne faisait pas trop froid dehors et, si ça me permettait d'éviter les fractions, tout n'était pas perdu.

Je restai à l'écart pendant que Chip formait les équipes, puis je me dirigeai vers mon poste habituel : tout au bout du terrain. J'y restai quelques secondes en essayant de me convaincre qu'il faisait plus chaud qu'il n'y paraissait.

– C'est nul, hein ? dit une voix derrière moi.

Surprise, je fis volte-face. Je croyais être seule, puisque je m'étais tellement éloignée des autres que je n'étais même plus sûre de me trouver dans la même ville qu'eux.

La fille gloussa en baissant timidement la tête. C'était Lily Chung. Elle ne ressemblait pas tellement à son frère, lui était grand et elle, toute petite. Elle portait ses cheveux noirs longs tandis que son frère les coupait en brosse. Elle avait le teint plus clair qu'Éric, probablement parce qu'il passait tout son temps dehors à faire du sport.

Lily restait souvent discrète en classe, mais elle était tout aussi populaire que son frère. Ça devait aider que leur famille soit riche et habite une maison énorme qui possédait (d'après la rumeur) sa propre salle de cinéma ainsi qu'une piste de bowling.

– Je peux me cacher avec toi ? demanda Lily.

– Pas de problème, répondis-je en me demandant si elle n'était pas un petit chélonien, elle aussi.

Lily poussa un soupir de soulagement.

– Je déteste ce jeu. Un jour en EPS, quelqu'un a tapé dans la balle et elle venait vers moi... Tout le monde criait et... Pour faire court, j'ai fini à l'infirmerie avec un pain de glace sur le nez.

Je gloussai.

– Pardon. Moi non plus, je n'aime pas ça. C'est pour ça que je viens dans ce coin en espérant que personne ne tape jusqu'ici.

– Tu ne fais pas de sport d'équipe, hein, Cécilia ?

Elle avait hésité avant de dire mon prénom, comme si elle n'était pas certaine à 100 % que je m'appelle Cécilia. Ou peut-être n'était-ce que le fruit de mon imagination.

– Non... Je suis nulle en sport. Mais je m'occupe en travaillant aux Pattes Orphelines. Le refuge pour animaux.

– Tes parents veulent bien te laisser avoir un petit boulot ? Wahou !

– En fait, ce n'est que du bénévolat.

Étonnamment, c'était facile de discuter avec Lily, même si je ne lui avais jamais adressé plus de deux mots auparavant.

– Parfois je dois aider ma mère à dresser nos chiens. Elle est vraiment obsédée par les concours canins, me dit Lily.

Évidemment. Je connaissais déjà la légende des concours canins de la famille Chung. Mieux valait ne pas parler à Lily de la conversation entre Éric et Mme Chung que j'avais entendue le jour des adoptions.

– Mais c'est quand même cool que tu aies déjà un travail. Même si c'est bénévole, poursuivit Lily. Je suis sûre que mon frère adorerait le refuge. Il aide plus notre mère que moi. Il est plus doué avec les chiens.

À cet instant, Chip nous appela pour rejoindre le reste de la classe.

– Eh bien, j'ai été ravie de ne pas jouer au foot avec toi, dis-je à Lily.

– Moi aussi !

Puis elle courut retrouver ses copines dans le collège. Peut-être que Lily n'était pas si snob que ça, finalement. En tout cas, on ne pouvait pas en dire autant de son frère.

Après les cours, je racontai le foot et ma rencontre avec Lily à Gnocchi pendant que je le brossais doucement.

En arrivant au refuge, j'avais immédiatement demandé des nouvelles de ma petite patate à Lori.

– Il va un peu mieux chaque jour, m'avait-elle dit. Mais je dois avouer que tu as l'air de lui manquer quand tu es au collège.

– C'est chouette, avais-je répondu, ravie.

– Est-ce que ton père est un peu plus disposé à te laisser avoir un animal de compagnie ?

Je savais pourquoi elle posait la question. Elle ne gardait jamais les chiens très longtemps au refuge.

Et son mari refusait qu'elle en ramène à la maison (ils avaient déjà cinq chiens). Si je ne pouvais pas prendre Gnocchi chez moi, quelqu'un d'autre l'adopterait.

Et je savais pertinemment que je n'avais pas le droit de le ramener.

– On habite toujours chez ma tante, avais-je expliqué, dépitée.

Ce n'était vraiment pas le moment, mais il allait falloir que je prenne mon courage à deux mains pour parler de Gnocchi à Papa. Peut-être que, s'il acceptait, Lori pourrait le garder jusqu'à ce que nous retournions à la maison. Elle me devait bien ça.

Je passai le restant de l'après-midi à éviter de penser à tout ça en caressant Gnocchi. Il semblait s'être déjà un peu remplumé, on ne voyait plus toutes ses côtes. Je lui donnai de petits bouts de hamburger que j'avais récupérés de mon déjeuner et il lécha le gras sur mes mains.

Lori me réveilla alors que je m'étais endormie avec Gnocchi sur les genoux.

Avec l'aide de deux biscuits au poulet, il ne pleura même pas à mon départ.

En sortant du refuge, je découvris avec stupeur la voiture bleue de Pamela qui m'attendait.

– Qu'est-ce qui se passe ? demandai-je.

– Rien de grave. Je suis seulement venue te chercher. J'ai pensé qu'on pouvait aller... chercher tes affaires dans votre maison.

– « Chercher mes affaires » ? répétai-je, soupçonneuse. Qu'est-ce qui se passe, Pam ? Dis-moi.

Elle me jeta un regard de biais en démarrant le moteur.

– Ton père a parlé à l'assurance aujourd'hui. La maison est... disons que vous n'allez pas y retourner...

– Pam ! S'il te plaît, dis-moi exactement ce qui se passe.

– Bon, d'accord. Mais c'est une mauvaise nouvelle, j'en ai bien peur. Je suis désolée d'avoir à te dire ça, mais la maison est condamnée.

– « Condamnée », c'est-à-dire ? demandai-je lentement.

Tante Pam gardait les yeux rivés sur la route. Au feu rouge, elle se tourna enfin vers moi.

– Selon la compagnie d'assurance, il y a eu beaucoup trop de dégâts. Elle a fait venir un expert et... apparemment, ça coûterait bien plus cher de la remettre aux normes que ce qu'elle vaut.

J'avais le cœur serré. C'était une vieille maison pas très grande, mais c'était *notre* maison. Et maintenant il n'y avait plus rien. Ma chambre. Mon placard. La marche de l'escalier où je m'asseyais pour lire et réfléchir. Le petit porche derrière, où je bronzais avec Mel en été en mettant du vernis sur nos orteils. Tout ça... disparu.

– Comment...

Je crois que j'avais commencé à demander: «Comment ça a pu arriver?», mais j'avais la gorge trop serrée.

– Cécilia, ça va aller, c'est promis. Tu sais que ton père et toi vous pouvez rester avec moi aussi longtemps que vous le voudrez.

Elle disait la vérité, mais ce n'était pas une vérité que j'avais envie d'entendre. Je voulais seulement rentrer à la maison, et pouvoir y emmener Gnocchi aussi.

Après ça, Pam ne dit plus grand-chose. Elle me conduisit à notre ancienne maison, où j'emballai autant d'affaires que possible. Presque tout ce qui se trouvait dans ma chambre était mouillé et couvert de cendres. Même si rien n'avait brûlé, beaucoup de mes vêtements n'étaient plus portables. Tout ce qui était blanc ou de couleur claire était fichu.

Papa nous rejoignit armé de cartons, en traînant les pieds, la mine défaite.

– Ta tante t'a appris la nouvelle ? demanda-t-il.

D'un côté, j'avais envie de lui dire que j'aurais préféré qu'il me l'annonce, lui. Papa réussissait toujours à éviter les choses difficiles. Mais il avait l'air si abattu que je ne pus m'y résoudre. Alors je me contentai de dire :

– Oui. Je n'arrive pas à croire qu'on n'a... plus de maison.

– Je suis vraiment désolé, Cécilia.

Ses yeux rencontrèrent les miens une demi-seconde, puis il entra dans sa chambre. J'emportai deux cartons dans la mienne pour finir d'emballer mes affaires et nettoyer un peu.

Mais, avant cela, je devais retrouver ma liste des raisons qui faisaient que je méritais d'avoir un chien... celle que je comptais montrer à Papa. Je la découvris sur le bureau, en fis une boule et la jetai à la poubelle.

6

La vie est injuste

Moi qui avais cru que ma semaine ne pouvait pas être pire, je me trompais en beauté.

Je déjeunais toute seule à la cantine le lendemain midi, quand on me tapota l'épaule. Éric Chung se tenait derrière moi, plateau à la main. Je m'étranglai sur mon sandwich, alors il me tapa dans le dos pour m'aider.

– Ça va ? demanda-t-il.

Comment se faisait-il qu'à chaque fois que je croisais Éric Chung, il devait s'assurer que je n'aie pas besoin d'aller à l'hôpital ?

Je toussai en opinant du chef. Que faisait-il dans ce coin de la cantine alors que tous ses amis populaires déjeunaient à l'autre bout ? J'essayai de trouver quelque chose à dire.

– J'ai joué au foot avec ta sœur hier, dis-je pour finir.

– Au foot ? répéta-t-il, perplexe.

– Oui, on est dans le même cours de maths.

– D'accord, répondit-il, de plus en plus perplexe.

– On était toutes les deux tout au bout du terrain parce qu'on n'aime pas trop le sport. Vous ne vous ressemblez pas tellement, tous les deux.

Éric s'esclaffa.

– C'est vrai. On est assez différents. Hé, je voulais te dire que ma mère et moi on est passés au refuge hier, et on a trouvé un chien à adopter.

– C'est génial...

J'eus soudain un flash.

Il continua à parler, mais sa voix me parvenait comme à des kilomètres.

– Oui, on a trouvé le chien parfait... On sait même déjà comment on va faire pour récupérer ses papiers d'identification. C'est un carlin... Je crois qu'il a beaucoup souffert avant d'arriver au refuge, mais la responsable a dit que tu l'avais bien soigné.

Gnocchi.

Éric Chung avait adopté mon chien.

C'était comme si on m'avait donné un coup de poing dans le ventre. Je n'arrivais plus à respirer. Il continuait à parler, mais je ne l'écoutais plus.

– Gnocchi, articulai-je.

– Oui ! C'est celui-là. Mignon, comme nom... C'est toi qui l'as choisi ? Bien sûr, il va lui falloir un nom pour les concours, mais, comme il semble répondre à Gnocchi, on va sûrement le lui garder comme surnom. Au refuge ils ont dit qu'il devait rester encore un peu en convalescence, mais on pourra l'emmener chez nous dès la semaine prochaine.

– Attends un peu. *Toi*, tu as adopté Gnocchi ?

Je me levai. Pour la première fois de ma vie, j'avais envie de gifler quelqu'un.

– C'est ce que je suis en train de te dire...

Éric paraissait si calme, ça me rendait encore plus furieuse.

– Mais il devait... J'allais le...

Impossible de terminer ma phrase. Il n'y avait rien à faire. Même si j'avais tellement voulu que Gnocchi devienne *mon* chien, j'habitais chez ma tante qui était allergique aux poils d'animaux.

C'était peut-être bête de ma part, mais jamais je n'avais ressenti un tel lien avec un petit chien, et je savais que, si je l'avais pu, je lui aurais donné le meilleur foyer au monde.

Pourquoi, de *tous* les gens qui auraient pu l'adopter, fallait-il que ce soit Éric Chung ? Ce n'était pas juste. Gnocchi n'était pas un chien de concours. Et si tous ces entraînements l'empêchaient de se rétablir correctement ?

Tout au fond de moi, je savais que je n'avais pas le droit d'empêcher Gnocchi de trouver une famille aimante. Mais je ne comptais pas laisser Éric venir remuer le couteau dans la plaie.

– J'espérais que tu puisses nous aider à..., commença-t-il.

Je tournai les talons et sortis de la cantine sans écouter la suite

J'ignorais comment Chip le remplaçant faisait pour ne pas avoir de problèmes dans son travail. Au cours de maths suivant, il nous annonça qu'on n'allait même pas se pencher une seule minute sur les fractions et qu'on sortait jouer au foot.

Lily était absente, alors je me retrouvai seule tout au bout du terrain, à fulminer. Pour tout dire, heureusement qu'elle n'était pas là. J'aurais sûrement craché mon venin au sujet d'Éric, de Gnocchi et de cette histoire de concours canin, et elle aurait pu mal le prendre.

Quand Chip nous rappela à la fin de l'heure, je décidai de prendre mon courage à deux mains et de « faire bonne figure », comme disait souvent ma tante. La matière suivante était l'histoire, où j'étais assise au milieu de la salle. Comme Lily en maths/foot, Éric était absent.

Ils sont peut-être partis plus tôt pour aller chercher Gnocchi, me dis-je avant de me rappeler qu'ils ne le ramèneraient pas chez eux avant la semaine suivante, selon Éric.

J'essayai de lutter contre la tristesse en me disant que j'avais déjà assez de chance de savoir *qui* allait l'adopter.

Peut-être que, si j'arrivais à le connaître mieux, je pourrais demander un droit de visite pour Gnocchi ?

Lori eut du mal à me regarder dans les yeux à mon arrivée aux Pattes Orphelines après les cours.

– Bonne nouvelle ! annonça-t-elle de la voix la plus fausse du monde. Ton petit protégé a trouvé une famille d'accueil !

Sans répondre, je me baissai pour sortir Gnocchi de sa cage et l'emmener au jardin. Je m'assis sur un petit banc avec lui pour lui faire des bisous. Il répondit en me léchant le visage.

– Je sais que tu es déçue...

Lori se tenait dans l'embrasure de la porte, sa voix était redevenue normale.

– Oui.

– Tu sais que tu n'as pas le droit d'avoir un chien, poursuivit elle gentiment. À moins que ça ait changé ? Si c'est le cas, je peux dire à ces gens que...

– Non. Ça a changé, mais pas dans le bon sens. On a perdu la maison. Elle est condamnée.

– Oh, non ! Je suis tellement désolée... C'est terrible ! Est-ce que ça veut dire que tu vas vivre chez ta tante à partir de maintenant ?

– Je ne sais pas. Peut-être.

Je n'en avais pas la moindre idée. Et Papa semblait si abattu par toute cette histoire que j'avais peur de poser la question.

Lori s'assit à mes côtés et caressa Gnocchi avec un soupir. Il lui lécha le nez.

– Je suis vraiment désolée, Cécilia. Mais tu sais, cette famille a l'air très gentille.

– Oui, le garçon... Éric... me l'a dit, aujourd'hui au collège. Je sais que ce sont les Chung qui emmènent Gnocchi. Mais ils veulent le transformer en chien de concours ! m'exclamai-je, de nouveau en colère. Tu étais au courant ?

– Oui, c'est incroyable, non ? Notre petit Gnocchi va peut-être passer de chiot abandonné près d'une poubelle à un grand champion. C'est drôle, la vie, parfois.

– Hilarant, dis-je en levant les yeux au ciel.

Après une petite caresse sur la tête de Gnocchi, Lori retourna à l'intérieur.

Je me penchai vers Gnocchi pour qu'il puisse voir mon visage.

– Tu ne veux pas tellement devenir un chien de concours, hein ?

J'aurais pu jurer qu'il secouait la tête, un tout petit peu, pour dire non.

La preuve qu'Éric Chung a tout ce qu'il veut

1. Il est délégué de classe.
2. Il a un charme agaçant.
3. Sa famille a plein d'argent.
4. Il a un don pour le sport.
5. Il a mon chien.

7

Un autre Monstre des Chiens

– Attention !

On était lundi (troisième jour de maths footballistiques). J'avais crié pour prévenir Lily. Austin Fuller avait tapé avec une force incroyable et le ballon se dirigeait droit sur nous. Je déguerpis, Lily sur mes talons, le plus rapidement possible sous les protestations de nos coéquipiers. Pour finir, Lily ramassa la balle pour la lancer à Medi Banerjee.

– Tu as l'air de savoir ce que tu fais, lui dis-je.

– C'est un progrès, répondit-elle en haussant les épaules. J'aimerais bien arrêter d'avoir le réflexe de m'enfuir quand le ballon arrive dans ma direction. Je fais ça à chaque fois.

– Moi, ça me parait sensé, comme réaction.

Lily sourit de toutes ses dents.

– Ce n'est pas que je déteste le sport. J'adore le ski. Et le patin à glace. Mais je n'aime pas...

– Tout ce qui implique un ballon qui te cogne en pleine tête, terminai-je.

– Exactement !

J'étais surprise de m'être si vite liée d'amitié avec Lily durant ces derniers cours de maths/foot. C'était difficile de l'apprécier autant en sachant que c'était sa famille qui allait m'enlever Gnocchi. Mais j'avais réussi à ne pas lui en parler jusqu'à maintenant. J'aimais bien apprendre à connaître Lily et j'avais peur qu'aborder le sujet de Gnocchi gâche tout.

– Ce marathon foot doit cesser, à un moment ou à un autre, tu ne crois pas ? demanda Lily alors que nous retournions au bâtiment.

J'acquiesçai, mais, honnêtement, moi ça ne me dérangeait pas. C'était bien de passer du temps en compagnie de Lily. Dans ma tête, j'entendis Lori dire : *Tu peux toujours lui demander de vous voir après les cours*. Hmm. Peut-être. Ma Lori imaginaire n'avait pas tort. Mais... et si proposer à Lily de se voir revenait à franchir une limite sociale invisible? Et si notre amitié n'existait que sur le terrain de sport?

La voix de Lily vint interrompre mes pensées.

– Bon, à plus tard!

Elle disparaissait déjà vers son prochain cours et je devais prendre la direction opposée.

– D'accord... Hé, attends! m'écriai-je. Tu fais quelque chose après les cours? Aujourd'hui je vais promener les chiens du refuge. Est-ce que... ça te dirait de venir?

Je me préparai à l'impact...

– Pourquoi pas! s'exclama Lily avec un grand sourire. Je te retrouve à ton casier à la fin des cours.

Sur ce, elle disparut en sautillant.

Son frère est peut-être un voleur de chien, me dis-je, *mais Lily est plutôt sympa*.

– Au pied! AU PIED! Pourquoi vous ne venez pas au pied? cria Lily.

J'éclatai de rire tandis qu'Haribo, Twix, Mars et Bounty traînaient Lily dans l'herbe. Nous étions dans le parc en face des Pattes Orphelines.

Oreo avait finalement trouvé une famille d'accueil, mais les autres chiots étaient encore au refuge. Après avoir patiemment attendu toute la journée que je les sorte, ils débordaient d'énergie. Lily, qui s'était portée volontaire pour tenir les laisses, avait fini effondrée dans l'herbe, empêtrée parmi les chiots.

– Je ne sais pas comment tu fais, dit-elle en tirant doucement sur les laisses.

Après l'avoir démêlée, je l'aidai à libérer les chiens dans l'enclos pour les laisser courir.

– C'est *épuisant.*

– On s'habitue. Mais ta famille a plein de chiens, non ?

Des chiens de concours, ajoutai-je en silence.

Elle hocha la tête en s'asseyant à côté de moi sur le banc.

– Mais je ne m'en approche pas trop. Ce sont Éric et mes parents qui adorent les chiens. Enfin, je trouve les chiens mignons. Mais je crois que je préfère les chats.

– D'accord, dis-je en gloussant. Je peux accepter ça.

Nous observâmes les chiots jouer avec les autres chiens pendant quelque temps jusqu'à ce que Bounty accoure pour que je la prenne sur mes genoux. Elle entreprit de me lécher le visage.

– Tu es comme mon frère, nota Lily. Il adore les chiens. Depuis qu'il a trouvé une portée abandonnée dans un carton devant l'église la semaine dernière, il n'a qu'une idée en tête : adopter un chien de refuge. Nos parents trouvaient l'idée mauvaise, mais Éric n'en démordait pas, alors ils ont fini par accepter à condition qu'il soit entièrement responsable du chien. En fait, notre famille va adopter...

Elle baissa les yeux. Éric lui avait déjà parlé de ma relation avec leur futur chien, d'après ce que je voyais.

– Oui, je sais pour Gnocchi, dis-je sans parvenir à masquer ma tristesse.

– Tu pourras venir le voir, tu sais, dit doucement Lily.

– Oui, peut-être. Mais ce n'est pas pareil.

J'avais envie de changer de sujet pour ne plus penser à Gnocchi et à sa nouvelle maison.

– Éric peut être vraiment pénible, c'est vrai, mais il prend bien soin des chiens. Je crois que vous vous entendriez bien...

– Ça, j'en doute, dis-je en me relevant rapidement pour récupérer les laisses. Mais je suis contente que tu sois venue aujourd'hui, ajoutai-je pour adoucir le ton.

– Moi aussi.

En rentrant du parc, je songeai aux propos de Lily sur Éric. C'était ridicule. Il pouvait bien être un adorateur de chiens lui aussi, mais ça ne lui donnait pas le droit de prendre *mon* chien.

Gnocchi n'est pas techniquement ton chien, me rappela une voix dans ma tête. Mes pensées confuses me suivirent jusqu'au refuge.

– Merci de m'avoir invitée, dit Lily.

– Pas de problème, répondis-je avec un signe de main.

8

Apparemment, je sens le chien mouillé

Le lendemain, les cours passèrent au ralenti. Il ne me restait plus beaucoup de temps avec Gnocchi, et je ne pensais qu'à me ruer aux Pattes Orphelines. À la seconde où la dernière sonnerie retentit, je m'élançai jusqu'au refuge, où je débarquai en ouvrant la porte à la volée, haletante.

– Tu es poursuivie, ou quoi ? demanda Lori.

– Non, répondis-je, le souffle court. C'est juste que j'aime les arrivées en fanfare.

Lori secoua la tête en riant.

– En tout cas je suis ravie de te voir. On vient d'accueillir deux petits nouveaux.

Une des cages contenait en effet deux chiens de taille moyenne, très sales. On aurait dit des terriers croisés.

– Je dois aller chercher des médicaments. Tu peux leur donner le bain et le traitement antipuce ?

– Oui, pas de problème.

Je retroussai mes manches et m'approchai de l'évier pour m'y mettre. Gnocchi dormait dans un coin de la pièce, mais il fallait que je termine mon travail avant de jouer avec lui.

Je lavai les terriers l'un après l'autre puis leur administrai le traitement redouté. Il fallait l'appliquer à l'éponge petit à petit, puis sécher le chien à la serviette. L'odeur était nauséabonde, mais avec un peu de chance les petits seraient vite débarrassés de leurs puces.

Une fois le travail achevé, je retirai la combinaison, me lavai les mains et pris Gnocchi contre moi. Il s'était réveillé et aboya joyeusement à ma vue. Assise par terre, j'examinai tous ses pansements. Les entailles avaient bien cicatrisé et il bougeait plus facilement. Ses côtes étaient probablement en voie de guérison aussi.

Je collai ma joue contre la sienne.

– Alors, Gnocchi, murmurai-je. Il paraît que tu as trouvé une nouvelle famille. Ils sont très gentils, enfin, Lily et ses parents. Éric, peut-être pas. Mais ils adorent les concours canins. Moi, je ne suis pas trop d'accord, Gnocchi. Enfin, avec tous les super chiens qu'il y a partout dans tous les refuges, pourquoi les gens décident d'en élever ? C'est très irresponsable.

Je le reposai par terre et m'éloignai de quelques pas.

– Viens, Gnocchi, dis-je en tapant dans mes mains.

Il s'approcha puis s'arrêta en me regardant comme s'il attendait le prochain ordre. Quel petit chou !

– Assis, dis-je en baissant la main.

Gnocchi s'assit.

– Tu me serres la main ? demandai-je en tendant la main.

Il inclina la tête d'un air interrogateur.

Doucement, je lui pris la patte pour lui montrer l'exemple. Il sembla comprendre et, quand je tendis de nouveau la main, il posa rapidement sa patte dessus.

– C'est bien, Gnocchi ! m'exclamai-je, ravie qu'il m'obéisse.

Il émit un petit aboiement victorieux.

– Tu vas me manquer.

Quelqu'un toussota derrière moi.

– C'est fou, il t'obéit vraiment, dit une voix.

Je sursautai et découvris, à ma grande surprise, Éric Chung.

– Tu m'as fait peur !

– Désolé. Je voulais juste passer... pour voir comment allait Gnocchi.

Son expression était indéchiffrable. Depuis combien de temps était-il là à m'observer ? Avait-il entendu mon opinion sur l'élevage de chiens ?

– Je ne crois pas qu'il soit déjà prêt à être adopté, dis-je d'un ton plus sévère que prévu.

Du moins, *moi* je savais que je n'étais pas prête à me séparer de lui.

– Il a vraiment l'aspect typique du carlin. Ce sera un excellent candidat dans le circuit des concours canins.

Je ne pus m'empêcher de répondre :

– Je ne crois pas que Gnocchi soit un chien à concours. Je suis sûre qu'il serait génial, puisqu'il peut tout faire. Mais il ne mérite pas de subir une telle pression. Qu'est-ce que tu vas faire s'il ne réussit pas comme tu veux ? Tu seras méchant avec lui ? Gnocchi a déjà bien assez souffert, il n'a pas besoin d'encore plus de stress.

Je devais avoir l'air de grommeler, mais il fallait que ça sorte.

Éric afficha un air vexé.

– Je ne serai jamais méchant avec un chien, Cécilia, surtout pas un dont je m'occupe.

– Ah bon... tant mieux, dis-je, déçue de ne pas trouver une meilleure répartie.

Un silence gêné tomba sur la pièce.

L'air toujours un peu contrarié, Éric s'approcha pour gratter la tête de Gnocchi.

– Gentil chien, dit-il doucement.

Puis, sans prévenir, Éric fronça le nez comme s'il sentait une odeur dégoûtante et se leva.

– Qu'est-ce qu'il y a ? demandai-je. Je croyais que tu venais voir Gnocchi.

Il s'éloigna de quelques mètres.

– Rien. Je... je ne peux pas rester, c'est tout. Mais je suis content que Gnocchi aille si bien. On est très impatients de l'accueillir chez nous.

Il disparut sans un mot de plus.

– Qu'est-ce que c'est que cette histoire ? demandai-je à Gnocchi qui me regardait.

Il sembla réfléchir intensément, mais il ne savait pas lui non plus.

Je découvris la réponse à cette question une demi-heure plus tard, après m'être installée à la table du dîner chez Pam. Je n'avais pas pris le temps de me changer, car elle avait annoncé qu'elle nous faisait son fameux gratin de pâtes.

Pam fronça le nez, exactement comme Éric.

– C'est quoi, cette odeur ?

– Ça doit venir de moi. Je crois que je sens le chien mouillé.

– Non, ce n'est pas ça. Enfin, si... ça aussi. Mais ce n'est pas la première fois que tu sens le chien mouillé.

Papa se pencha pour attraper le pain sur la table.

– Je parie que c'est l'odeur du traitement antipuce, dit-il.

– Oh, bon sang ! m'exclamai-je. J'avais complètement oublié. C'est pour ça qu'il a fait la grimace ! Je sens la pyréthrine !

Tante Pam secoua la tête.

– Monte prendre une douche rapide et te changer. Je te réchaufferai ton dîner.

Pam avait raison : cette odeur d'antipuce était immonde. L'estomac dans les talons, je m'exécutai et pris une douche brûlante. Tout en enfilant des vêtements propres je songeai qu'Éric Chung avait senti le chien mouillé sur moi... et pire. Mais je me fichais bien de ce qu'il pouvait penser de moi.

Non ?

9

La vengeance du programme de maths

Le lendemain matin, je claquai la porte de mon casier, résolue. C'était une nouvelle journée qui commençait et j'étais sûre de ne pas sentir mauvais. Je devais rester optimiste. Même le foot ne serait pas si horrible, avec Lily à qui parler au bout du terrain.

– Prête pour taper dans le ballon ? demanda-t-elle en me rejoignant sur le chemin du cours de maths.

– Tant qu'on peut se cacher.

La classe s'assit sans sortir d'affaires, puisque nous nous attendions tous à nous rendre sur le terrain.

Quand Chip entra, il portait une cravate pour la première fois depuis son arrivée au collège. Il avait aussi l'air un peu plus pâle que d'habitude. Le principal adjoint, M. Danvers, se tenait à la porte.

– Ouvrez vos manuels au chapitre onze, dit Chip.

– Hé, et le foo..., s'exclama Austin Fuller.

Mais l'expression que Chip afficha le fit taire illico.

Tout le monde s'exécuta et j'échangeai un regard entendu avec Lily. C'était la fin du foot.

– Et j'ai pris la douche la plus rapide du monde. Parce que tu connais mon penchant pour le gratin de pâtes.

Je discutais enfin sur Skype avec Mel et je venais de lui raconter en détail tout ce qui se passait avec Gnocchi, pour terminer par Éric fuyant la puanteur de mes vêtements imprégnés d'antipuce.

Mais, malgré mes plaisanteries, Mel me connaissait trop bien pour ne pas voir à quel point perdre Gnocchi me dévastait.

– Il y aura d'autres chiens, Cécé ! Vous en accueillez tous les jours au refuge. Bientôt, un petit nouveau tout poilu va arriver et tu tomberas amoureuse de lui tout pareil !

Je levai les yeux au ciel mais ne pus m'empêcher de glousser. Mel savait toujours comment me faire rire.

– Comment ça se passe avec Pam ? Ça va mieux ?

– Je crois que ça va. Mais je n'aime pas vivre à ses crochets. Je me demande si Papa ne veut pas rester là parce qu'il n'a pas assez d'argent pour trouver une nouvelle maison.

Formuler cela à voix haute me retira un petit poids des épaules. Ça me préoccupait depuis quelque temps, mais je ne l'avais jamais dit tout haut.

Soudain, on m'appela dans la maison.

– Cécilia ! mugit Papa.

– Nooon ! Je crois que tu dois y aller, dit Mel. Mais courage ! Tout va s'arranger, c'est promis.

– Merci. J'espère. À plus.

Je refermai mon ordinateur et entrai dans la cuisine pour voir ce que Papa me voulait.

– Tu as mugi ?

Papa sourit à ma remarque, mais il semblait ennuyé.

– Ta tante est à son club de lecture ce soir. J'allais réchauffer la soupe qu'elle a faite pour le dîner, mais je n'ai pas eu le courage.

Je fis la grimace.

– Parfait. D'habitude, tout ce qu'elle cuisine est délicieux, mais je crois que la soupe, ce n'est pas trop son truc.

Il sourit de plus belle.

– Je pense que tu as raison. Va chercher ton manteau.

– On va où ?

– On sort dîner.

– Cool !

Ça faisait longtemps que je n'avais pas mangé toute seule avec Papa.

– Où ?

– Tu choisis.

Je réfléchis une seconde.

– On peut aller chez Chili ?

– Pas de problème, petite.

Après avoir commandé des tonnes et des tonnes de nourriture, Papa sortit des cartes pour jouer à un jeu qu'il m'avait appris quand j'étais petite. Je lui parlai de Lily et de notre prof remplaçant, Chip, qui s'était fait prendre à nous laisser jouer au ballon pendant le cours de maths. Plusieurs pommes de terre farcies plus tard, j'avais l'estomac bien rempli. Mais mon bonheur fut de courte durée, car l'addition ne tarda pas à arriver.

– Excusez-moi, dit tout bas la serveuse à mon père. Votre carte de paiement a été refusée. Est-ce que vous en auriez une autre ?

– Oh, bien sûr, dit-il en rougissant jusqu'aux oreilles. Excusez-moi.

Il lui tendit une autre carte de crédit.

– Qu'est-ce qu'il y a ? demandai-je pendant que la serveuse s'éloignait.

Mais je connaissais déjà la réponse. J'avais vu suffisamment de films pour savoir ce que ça signifiait quand une carte de crédit était « refusée ». Là, ça voulait dire qu'on n'avait pas assez d'argent pour payer notre repas.

– Rien du tout, ma puce, répondit Papa. La banque a dû faire une erreur. Pas d'inquiétude.

Mais sa mine défaite disait tout le contraire.

Heureusement, la deuxième carte fonctionna, nous autorisant à partir.

Dans le silence de la voiture, une foule de pensées me passa par la tête. C'était horrible de voir Papa si stressé. J'aurais voulu l'aider, mais je ne voyais pas du tout ce que je pouvais faire. *Si seulement aimer les chiens rapportait de l'argent*, pensai-je.

Gnocchi devait être adopté le lendemain, alors, en rentrant du restaurant, je suppliai Papa de me déposer au refuge pour lui rendre visite grâce à ma clé des locaux. Papa accepta à contrecœur et me dit qu'il viendrait me chercher une heure plus tard.

Comme il faisait nuit et qu'il n'y avait personne, je racontai tout à Gnocchi, et, comme d'habitude, il m'écouta. Je lui parlai du dîner avec Papa en lui donnant des bouts de fromage que j'avais récupérés discrètement dans une serviette.

– Je n'arrive toujours pas à croire qu'ils vont essayer de te transformer en chien de concours.

Gnocchi remuait plus facilement maintenant que ses blessures avaient guéri. Pour toute réponse, il roula sur le dos en se tortillant et aboya, indigné que je ne lui caresse pas immédiatement le ventre.

Je m'exécutai en pensant à sa future carrière. Ça me faisait frissonner de penser à la petite tête de Gnocchi en train de trottiner autour d'une piste affublé d'un nom ridicule comme Joyeux-Danseur de McNally, ou je ne sais quel autre nom complètement stupide.

– Même si je ne peux pas t'adopter, dis-je à Gnocchi, je vais faire tout ce qui est en mon pouvoir pour te tirer de là.

Nourriture préférée de Gnocchi

1. Biscuits au poulet.
2. Graisse de hamburger.
3. Fromage (si possible en petits morceaux).

10

Merci pour le cactus ?

Gnocchi ne semblait pas dérangé par mes larmes qui lui tombaient sur le museau.

Aujourd'hui était le jour fatidique où les Chung venaient le chercher.

Lori avait accepté de me laisser passer du temps seule avec lui, parce qu'ils n'arrivaient qu'à dix-sept heures.

– Un jour tu auras un chien à toi, promit Lori en me prenant dans ses bras.

Elle portait une robe blanche à motifs de bouledogues français gris. Ça devait être mon imagination, mais j'aurais juré que tous ces bouledogues me regardaient avec compassion.

– Je ne veux pas d'un chien. Je veux *ce* chien, dis-je en reniflant.

Avec un hochement de tête pour toute réponse, elle disparut à l'arrière.

Je restai assise par terre avec Gnocchi comme à notre habitude. Je caressai sa fourrure, plus foncée autour des yeux, et le couvris de baisers. Il me regarda d'un air inquiet : il savait que quelque chose n'allait pas.

Comment pouvais-je le laisser partir ?

On sonna à la porte du refuge.

Je vis Éric en premier. Pour je ne sais quelle raison, il tenait une plante en pot dans les bras.

La gêne m'envahit immédiatement : je devais avoir les yeux rouges et gonflés d'avoir pleuré.

La mère d'Éric arborait un très onéreux tailleur bleu pâle. Elle avait l'air déplacée ici, au milieu des Pattes Orphelines.

Lori entra dans la pièce, contrariée. Elle me murmura un mot d'excuse en me prenant Gnocchi des bras pour le poser sur la table d'examen. Puis elle expliqua à Mme Chung qu'il se remettait bien, et lui confia des médicaments. Pour ma part, je restai clouée au sol, incapable de bouger.

Éric se pencha et me tendit la plante en pot, que je pris sans réfléchir. C'était un cactus, le genre qui a l'air d'avoir un cerveau qui pousse au sommet. Je regardai Éric sans comprendre.

– Je l'ai acheté pour toi, dit-il sans croiser mon regard. Pour te remercier. D'avoir pris soin de lui et tout. Je voulais prendre des fleurs, mais je me suis rappelé que tu avais dit que les fleurs te rendaient triste parce qu'elles ne peuvent plus pousser.

J'étais de plus en plus perplexe.

– Quand est-ce que j'ai dit ça ? dis-je d'une voix tremblante.

Éric se leva, me prit le cactus, le posa à côté et me tendit la main pour m'aider à me relever.

– En cours de SVT, l'an dernier, je crois.

Il se souvient de ça ? Je sentis mes joues devenir rouges, sans savoir pourquoi.

– Eh bien, merci, dis-je sans émotion.

Comme si un cactus pouvait compenser ma séparation d'avec Gnocchi. J'avais l'impression d'être vide. Je croisai les bras.

– Tu pourras venir le voir, tu sais, dit Éric avec un signe de tête vers Gnocchi.

– Merci, répétai-je.

J'étais tentée d'accepter sa proposition sur-le-champ, mais cela aurait été très bizarre d'aller chez les Chung pour rendre visite à un chien qui n'avait techniquement jamais été le mien.

Les larmes remontèrent quand Lori déposa Gnocchi dans une cage pour que Mme Chung l'emmène.

– Non, Maman, dit Éric. Je vais le porter.

Je saisis mon cactus et le serrai contre moi, peut-être pour me donner une contenance, peut-être pour avoir quelque chose dans les bras.

Éric se tourna vers moi avec Gnocchi dans les siens. Le petit chiot semblait assez content.

– Est-ce que tu veux lui dire...

Sans le laisser finir sa phrase, je secouai la tête et marmonnai que je devais y aller, avant de courir à l'arrière sans lâcher mon cactus. Hors de question qu'Éric ou sa mère me voient pleurer. J'entendis la porte d'entrée s'ouvrir à nouveau.

Puis, une seconde plus tard, Gnocchi gémit en comprenant qu'il s'en allait et que moi, je restais là.

– Où étais-tu ? demanda Papa quand j'entrai dans le salon de tante Pam.

– Je t'ai dit hier que j'allais au refuge, dis-je un peu plus durement que prévu.

Papa me lança un regard perplexe et je me sentis coupable. La situation était un peu gênante depuis le dîner chez Chili, et je m'étais promis de faire tout mon possible pour qu'il ne se sente pas plus mal à cause de notre situation financière, ou à cause de n'importe quoi d'autre.

– Désolée, ajoutai-je rapidement. Je ne voulais pas dire ça comme ça.

– Qu'est-ce qui s'est passé ?

– C'est ce chien que je... Non, rien.

Ça ne servait à rien de m'étaler sur cette histoire alors qu'il avait d'autres problèmes en tête.

– Je sais que le refuge est très important pour toi, ma puce, dit-il doucement. Mais je ne veux pas que tu te prives de passer du temps avec des amis de ton âge pour ça.

Je m'assis sur le canapé en face de lui. D'abord Lori, puis Mel, et maintenant Papa. Tout le monde semblait avoir son avis sur mon amour des chiens et ma résistance aux humains.

– Je sais, soupirai-je. Lori et Mel ont dit la même chose. Je vais essayer d'y travailler.

Je décidai que oui, j'allais essayer pour de bon. Maintenant qu'il n'y avait plus de Gnocchi, mon emploi du temps était libéré.

– Parfait. Dis donc, d'où il vient, ce cactus ? demanda Papa.

Avec surprise, je constatai que je tenais toujours le cactus de la honte d'Éric Chung.

– C'est un garçon qui me l'a donné.

– Un *garçon* ?

– Rien à voir ! protestai-je en rougissant *encore*. Crois-moi. Je ne l'aime pas du tout. C'est juste quelqu'un qui a adopté le chien que je... Enfin, ça n'a pas d'importance, ajoutai-je de peur de me remettre à pleurer.

– Si tu le dis.

Papa monta prendre une douche pendant que j'allai faire mes devoirs dans ma chambre.

Je mis mes écouteurs pour éviter de penser au dernier gémissement triste de Gnocchi. Ainsi qu'à ce cactus, et au garçon qui me l'avait offert.

11

Pas si horrible que ça

Lily me rejoignit à mon casier après les cours.

– Salut, dit-elle en rejetant ses cheveux noirs brillants par-dessus son épaule. Comment ça va ?

– Ça va.

Ça faisait une semaine que Gnocchi avait été adopté et, malgré mes projets d'interagir plus souvent avec des gens, je m'étais retirée au fond de ma carapace de tortue et passais le plus clair de mon temps aux Pattes Orphelines, avec les nouveaux chiots, à essayer de toutes mes forces de ne pas trop les aimer. J'avais aussi fait très attention à ne pas poser de questions sur Gnocchi à Lily, même si j'étais affreusement curieuse de tout savoir. J'avais peur de me mettre à pleurer ou de m'énerver au moindre détail.

– Dis, poursuivit Lily, toute joyeuse, le foot ne me manque pas, mais ça me manque de ne plus traîner avec toi sur le terrain.

– Moi aussi, avouai-je, un peu réconfortée.

– Apparemment, c'est Allie qui se serait plainte à ses parents pour le foot, tu y crois ? Austin et ses copains lui en veulent vachement. Mais ça ne durera pas longtemps parce qu'elle est tellement jolie. C'est toujours comme ça avec les garçons, tu ne trouves pas ? Mais... oh, mince, désolée, je parle beaucoup trop !

– Non, pas du tout ! J'aime bien les gens bavards. Ma meilleure amie, Mel, parle sans arrêt.

– Oh, Melody Gray ! Je me souviens d'elle. Elle était super sympa. Enfin... je suis sûre qu'elle l'est toujours ! Elle a déménagé, non ?

J'acquiesçai. Puis, me rappelant quelque chose de chouette que nous faisions avec Mel, j'ajoutai :

– Est-ce que tu veux venir avec moi au café chez Max, après les cours, un jour ? Ils font de super bons milk-shakes.

– Oui ! s'exclama Lily sans hésiter.

– D'accord... Et si on disait aujourd'hui ?

Dans ma tête, j'entendais Mel, Papa et Lori qui me poussaient à rencontrer des gens.

– Oh non, je ne peux pas... Je vais à un match de basket. Eh ! ajouta-t-elle, tout sourire. Tu devrais venir avec moi !

Je suis sûre que mon expression trahit immédiatement mon manque d'enthousiasme, mais Lily n'avait pas terminé.

– Oh, s'il te plaît, viens avec moi, Cécilia ! J'y vais toujours à cause de mon frère, tu sais... mais je finis par m'ennuyer, à rester assise avec mes parents.

– D'accord, dis-je, même si l'idée de voir Éric Chung ne m'enchantait guère. Ça commence à quelle heure ?

Le sport n'était certainement pas mon truc, mais, comme *mon truc* semblait être essentiellement de m'occuper des petits chiens et devenir une tortue métaphorique, je me dis que ça me ferait du bien d'essayer.

– Ouais ! C'est ma mère qui m'emmène au match. On peut passer te chercher. Disons à dix-huit heures ? Envoie-moi ton adresse par texto.

– D'accord. Sauf que je n'ai pas de téléphone.

– Pas de problème, répondit Lily en sortant son portable. Je vais la noter sur le mien.

– C'est au 411 Maple Street.

– Parfait, à tout à l'heure !

Avec un signe de main enthousiaste, Lily s'éloigna dans le couloir.

Je lui emboîtai le pas rapidement. J'allais devoir quitter le refuge tôt pour aller au match. *Je vais avoir moins de temps avec mon Gnocchi*, pensai-je avant de me rappeler qu'il ne serait pas là. La tristesse m'envahit.

Aux Pattes Orphelines, Mitch était à l'accueil.

– Salut, Mitch. Où est Lori ?

– Elle a emmené quelques chiots au Dr Prebble pour un examen.

– Oh. Je vois. Elle a laissé des instructions pour moi ?

– Non, elle a dit que tu avais quartier libre. Précisément elle a dit : « Qu'elle soit une vraie gamine, pour changer. »

Il m'adressa un clin d'œil.

– Eh bien, je vais à un match de basket avec ma copine Lily ce soir.

C'était agréable de prononcer le mot « copine ».

– Parfait. Amuse-toi bien !

– Ça, ça reste à voir.

Mme Chung vint me chercher dans une grosse voiture gris métallisé brillant de mille feux.

En descendant l'allée de Pamela, je regardai dans la voiture pour voir si Éric y était, mais, à mon grand soulagement, je ne vis que Lily.

– Je suis trop contente que tu viennes ! s'exclama-t-elle.

– Moi aussi, je suis contente que tu accompagnes Lily, Cécilia, dit Mme Chung. En général nous y allons avec mon mari, mais nous avons tous les deux une réunion de travail ce soir. Nous viendrons vous chercher après le match. Vous vous dépêcherez de retourner sur le parking, Lily, ajouta-t-elle en souriant à sa fille dans le rétroviseur.

– Je traîne tout le temps, gloussa Lily. La ponctualité n'est pas ma plus grande qualité.

Je ressentis un peu de tristesse en voyant à quel point Lily et sa mère étaient complices. Et, d'après ce que j'avais pu voir, elle l'était aussi avec Éric. Je me demandai ce que faisait ma mère en ce moment, dans sa nouvelle vie sans Papa et moi.

Alors que nous roulions vers le collège, je ne pus retenir ma question :

– Comment va Gnocchi ?

Lily se tourna vers moi. S'était-elle aperçue que c'était la première fois que je demandais de ses nouvelles depuis le début de la semaine ?

– Il est trop mignon, dit-elle. Mais Éric ne me laisse pas jouer avec lui.

– Gnocchi a besoin de se reposer pour être en pleine forme quand nous commencerons à l'entraîner pour le concours, expliqua Mme Chung.

« L'entraîner pour le concours ». Ces paroles me nouèrent l'estomac.

– Oh, dis-je doucement.

J'avais raison : parler de Gnocchi et l'imaginer jouer avec Éric me rendait encore plus triste.

– Je suis vraiment désolée pour toi que tu ne puisses pas avoir d'animal de compagnie chez toi, me dit Lily.

Elle avait l'air de choisir ses mots avec soin.

– Moi aussi, répondis-je en ravalant la boule dans ma gorge. Tu n'as pas idée.

– Alors que, chez nous, c'est la foire aux chiens, soupira Lily. On en a sept ! C'est n'importe quoi. Tous ces aboiements !

J'éclatai de rire.

– Les aboiements ne me dérangent pas.

Quand Mme Chung nous déposa au collège, je m'efforçai de ne plus penser à Gnocchi. Je la remerciai puis suivis Lily jusqu'au gymnase presque désert.

– Est-ce qu'on est en avance ? demandai-je.

– Pile à l'heure pour prendre les meilleures places.

– Il y a tant à voir que ça ?

– Eh bien, déjà il y a le match, répondit-elle, amusée par ma question. Et je suis sûre qu'il y a quelque chose de prévu pour la mi-temps.

– La mi-temps ? Il y a un entracte ?

Je regardai ma montre en me demandant dans quoi je m'étais engagée.

Lily gloussa mais sans méchanceté.

– On appelle ça une mi-temps. L'entracte, c'est pour... les spectacles, les comédies musicales, par exemple.

Je ris à mon tour.

– Là, c'est bien, dit-elle en me faisant signe de m'asseoir sur les gradins. Tu n'as vraiment jamais vu un match de basket de ta vie ?

– Je ne suis pas très sport, tu sais. Je croyais que tu détestais ça, toi aussi.

– Disons que, tant que je n'ai pas à *participer*, ça ma va. Regarder, ça me suffit.

– Ça reste du sport.

– Ne sois pas si catégorique, Cécilia. Ça pourrait te surprendre.

– D'accord.

Je me rendis compte que j'avais les bras croisés et, d'après ce que j'avais lu sur Internet, ça pouvait vouloir dire qu'on était fermé aux autres.

– C'est juste que j'ai toujours été contre le sport par principe, je crois. Mon père était prof d'EPS avant. Il a fait tout ce qu'il a pu pour que je devienne sportive quand j'étais petite et... disons que l'expérience a échoué.

– Je comprends que ça puisse t'avoir braquée contre le sport. Tu sais, moi je suis la sœur jumelle d'une star du basket... et je fuis dès qu'un ballon se dirige vers moi.

– Oui, je crois qu'on se comprend.

Les spectateurs commencèrent à affluer, dont beaucoup de gens de notre classe.

– Dis, Lily, est-ce que *tout le monde* vient voir les matchs de basket ? demandai-je.

– Oui, quasiment.

– Comment ça se fait que je n'étais pas au courant ?

Elle inclina la tête, l'air songeur.

– Peut-être que tu es toujours un peu dans ta bulle ? Avec le refuge et tout.

Elle avait raison. Lily Chung se montrait étonnamment perspicace.

J'observai Allie Cross et sa horde de copines populaires s'installer dans les gradins. Elles firent signe à Lily, qui leur répondit.

– Tu veux aller t'asseoir avec elles ? demandai-je, prise de panique.

Lily passait toujours son déjeuner avec ces filles et les rejoignait entre les cours. Elle préférait sûrement être avec elles pour les matchs aussi.

Mais elle haussa les épaules.

– Non, c'est bon. Pour tout dire, ça fait du bien de ne pas être tout le temps collée à elles. Enfin, ce sont mes amies, mais parfois... je les trouve un peu trop snobs, termina-t-elle tout bas.

Je hochai la tête, soulagée de me rendre compte que je n'étais pas la seule (avec Mel) à avoir remarqué ça.

– Ça peut être un peu pénible, qu'Allie soit toujours la reine du groupe, tu vois ? Et, comme elle est sortie avec Éric l'an dernier, c'est *particulièrement* pénible.

Je vois. Allie était en train de se regarder dans son miroir de poche pour appliquer du gloss. Pourquoi ressentais-je un peu de jalousie ?

Les gradins se remplirent vite et le volume de la musique augmenta. Le match allait commencer.

Les pom-pom girls s'élancèrent sur le terrain. Je retins ma respiration quand l'une d'elles fit un genre de saut acrobatique, mais elle retomba sur ses pieds, tout sourire. Puis elles déroulèrent une banderole quand les joueurs entrèrent à leur tour. Le premier était Éric Chung, et son énergie déclencha des explosions de joie dans la foule.

Tout le monde l'applaudissait alors qu'il n'avait encore rien fait, à part passer à travers la banderole et agiter les bras en l'air.

– C'est... une sacrée entrée, dis-je à Lily.

Elle leva les yeux au ciel.

– Oui, il prend la grosse tête les jours de match.

Éric se mit à s'échauffer avec l'équipe en dribblant et tirant des paniers. Contrairement aux autres joueurs, il passait son temps à sourire et faire signe à la foule.

Je décidai qu'Éric Chung pourrait probablement devenir président des États-Unis un jour.

– Mon frère est adorable, reprit Lily, mais parfois c'est un peu agaçant qu'il soit aussi doué dans tout ce qu'il fait.

Éric Chung, adorable ? J'avais envie de rire mais à la place je dis :

– Oui, je comprends.

– Ça peut être difficile d'être sa jumelle, parfois.

– J'imagine.

C'était sincère. Moi aussi, j'avais l'impression de décevoir mon père régulièrement, alors que je n'avais même pas de frère ou de sœur parfaits pour me faire de l'ombre.

Je sursautai au son du buzzer. Lily gloussa à côté de moi. Le match démarra et Éric marqua un panier dès les premières secondes. Presque tout le monde se leva (même moi, puisque Lily m'avait tirée par la manche) et hurla de joie.

Entre la musique bruyante et l'excitation de la foule, je commençai à oublier que je détestais le basket. Un joueur extrêmement grand de l'équipe adverse marqua juste après Éric. Le géant et Éric semblaient avoir le même niveau et le score ne cessait de s'égaliser, ce qui poussait la foule à se lever à chaque panier et à crier de plus en plus fort.

Puis un arbitre siffla une faute d'Éric, contestée par tous les spectateurs de notre collège.

– Qu'est-ce qui se passe ? demandai-je à Lily.

– Il a sifflé Éric parce qu'il a marché. Mais c'est pas vrai !

– Oh, c'est nul, dis-je.

Lily me sourit.

Le géant de l'autre équipe eut droit à un tir, et tout le monde se mit à faire du bruit pour le distraire.

Je me joignis à eux. Lily me lança un regard étonné et continua à huer le joueur, qui rata le panier sous les applaudissements en délire.

Je n'y connaissais pas grand-chose en sport, mais, si mon père avait été là, je crois qu'il aurait désapprouvé ce manque de fair-play.

Je me rassis sur les gradins. Que m'arrivait-il ? Était-il possible que j'aime bien regarder le sport, maintenant ?

La musique recommença.

– *Entracte,* indiqua Lily avec un grand sourire malin.

Les pom-pom girls coururent sur le terrain pour effectuer une chorégraphie incroyablement synchronisée. Je me demandais ce que ça faisait d'être si doué pour quelque chose que tout le monde pouvait voir et apprécier. Moi, j'administrais les traitements antipuce comme personne, mais ça ne provoquait pas tellement d'applaudissements.

Puis les joueurs revinrent, Éric fit de nouveau signe à la foule et s'arrêta devant Lily pour lui taper dans la main.

– Salut, Cécilia, dit-il avec un sourire avant de repartir de nouveau vers le centre du terrain.

Je me sentis moins comme la marginale qui confondait « mi-temps » et « entracte » après qu'Éric m'avait saluée. Et je n'arrivais pas à interpréter la sensation au creux de mon estomac.

La fin du match arriva en un clin d'œil et notre équipe perdit de seulement six points. Je me surpris à être sincèrement déçue. Éric et le reste de l'équipe serrèrent la main aux vainqueurs. Certains joueurs de mon collège semblaient très fâchés, mais Éric, lui, souriait et serra fermement la main à tout le monde, comme s'il se présentait déjà aux élections que je lui avais prédites.

J'attendis que le gymnase se vide avec Lily, puisque Mme Chung ramenait les jumeaux en même temps que moi.

Lily serra son frère dans ses bras quand il sortit des vestiaires après s'être douché et changé.

– Merci d'être venue, Cécilia, me dit-il.

– C'était bien ! Désolée que tu... enfin, que vous ayez perdu.

J'avais décidément du mal à formuler des phrases intelligentes.

– Ce n'est pas grave. C'était un match serré.

– Oui, confirmai-je.

Un silence gêné retomba entre nous.

– Comment va Gnocchi ? demandai-je à nouveau pour faire la conversation.

– Il va bien.

Il s'arrêta là, mais, à son ton, on aurait dit qu'il voulait en dire plus.

– Maman nous attend, intervint Lily. Il faut y aller.

Je suivis les jumeaux jusqu'au parking et montai à l'arrière avec Lily.

Elle raconta le match à leur mère pendant qu'Éric rajoutait des détails. Pour ma part, je regardai la ville sombre et déserte défiler par la vitre. Les paroles de Lily me revinrent en mémoire. Elle m'avait dit de ne pas être si catégorique quant au sport, que je pouvais être surprise. Et, en effet, je crois que je m'étais réellement bien amusée.

Est-ce qu'elle avait également raison au sujet de son frère ? me demandai-je tandis que Mme Chung se garait devant chez Pam. Peut-être Éric n'était-il pas aussi détestable que je le croyais. Peut-être avais-je eu tort au sujet de beaucoup plus de choses que seulement le basket.

Si Éric était quelqu'un d'assez gentil finalement, tant mieux, me dis-je en faisant signe de la main aux jumeaux avant de fermer la portière. Ça ne me dérangeait pas d'avoir tort si ça voulait dire que Gnocchi était en de bonnes mains. C'était uniquement ce qui m'importait, d'ailleurs...

12

Marché conclu ?

– Hé ! Cécilia ! Attends !

J'allais sortir du bâtiment le lendemain du match, à la fin des cours, pour me rendre aux Pattes Orphelines. Je commençais à m'habituer à la douleur de ne pas y retrouver Gnocchi, mais tous ces sentiments déplaisants ressurgirent quand je me retournai et découvris Éric Chung qui me rattrapait au pas de course.

– Qu'est-ce qui se passe ? demandai-je en le regardant reprendre son souffle, les mains sur les genoux. Depuis combien de temps tu me suis ?

– Un moment, déclara-t-il, haletant. Je t'ai appelée, mais tu n'avais pas l'air de m'entendre.

– Désolée.

Me revoilà à jouer les tortues, pensai-je. *Et maintenant j'ignore les gens, en plus !*

– Pas de souci, dit Éric d'une voix étrangement tremblotante.

J'étais tellement habituée à le voir sûr de lui, avec son charme présidentiel, que cette incertitude était désarmante.

– Je... J'ai quelque chose à te demander, dit-il en se mordant la lèvre. Tu vas quelque part ? Je peux t'accompagner ?

– Oui. Je vais par là, dis-je en désignant la direction du refuge tandis que nous sortions du collège. Tout va bien ?

Y avait-il un problème avec Gnocchi ?

– Oui, c'est juste que... Enfin, comme tu le sais, je veux entraîner Gnocchi pour les concours.

Je hochai la tête sans rien dire. Je n'avais pas la moindre envie de revenir sur ce sujet.

– Et, en fait, poursuivit Éric, il se trouve que... c'est assez difficile de travailler avec Gnocchi.

– Difficile ?

Je m'arrêtai net. Même si ce n'était plus mes affaires, j'éprouvais le besoin de défendre Gnocchi contre tous les entraîneurs snobs du monde.

– Déjà, il est très agité, expliqua Éric. Il n'écoute rien de ce que je lui dis. Et il daigne à peine me regarder quand il sort de son panier. On dirait qu'il n'aime pas être avec les gens, pourtant j'ai essayé toutes les techniques d'entraînement de mon livre. Donc... c'est pour ça que j'aimerais bien que tu...

Je le regardai sans rien dire en attendant la suite.

– Je t'ai vue jouer avec lui au refuge. Toi, il t'écoute. Et je me demandais si...

– Oui ? demandai-je, le cœur battant la chamade.

– Si tu voudrais bien m'aider à entraîner Gnocchi. Je sais que tu n'aimes pas les concours canins, et que tu ne m'aimes pas trop non plus. Mais je veux vraiment prouver à mes parents que les chiens de refuge valent tout autant que ceux qu'on achète une fortune à des éleveurs. Gnocchi est la clé de ma réussite. Et toi, tu es la clé pour Gnocchi.

J'avais la tête qui tournait. Je voulais tellement revoir Gnocchi, mais cette idée de l'entraîner pour un concours idiot ne me plaisait pas du tout. Je m'apprêtais à l'expliquer à Éric quand il rouvrit la bouche :

– Les récompenses ne sont en général pas très élevées dans ces concours, mais il va bientôt y avoir le concours régional, et le premier prix est de cent dollars. Si tu m'aides avec Gnocchi et qu'il gagne, le prix est pour toi.

Son charme présidentiel semblait être revenu, mais son sourire plein d'espoir masquait difficilement son incertitude.

Cent dollars ? Ça changeait tout. Je ne savais plus que penser. Je détestais toujours l'idée du concours, et une centaine de dollars était bien loin d'être suffisante pour aider mon père, mais c'était un début. Plus important : j'allais pouvoir passer du temps avec Gnocchi. Et qui sait ? Peut-être parviendrais-je au fil des séances à convaincre Éric que Gnocchi n'était pas fait pour les concours.

– Alors, qu'est-ce que tu en penses ? demanda-t-il, me ramenant au présent. Marché conclu ?

J'hésitai un moment puis serrai la main qu'il me tendait.

– Marché conclu.

13

« Nous deux » ?

Les entraînements de Gnocchi devaient commencer le samedi matin. Lily m'avait invitée à dormir chez elle la veille et Papa avait accepté. J'étais ravie à l'idée d'échapper à Tante Pam pour un soir et de voir Gnocchi plus tôt que prévu. Je n'avais plus dormi chez une copine depuis le départ de Mel, donc j'avais du mal à contenir mon impatience.

M. Chung vint nous chercher, Lily, Éric et moi, dans sa voiture noire lustrée, après les cours. Il portait un élégant costume noir et des lunettes de soleil. Il avait l'air d'une star de cinéma.

– Salut, Cécilia, dit-il en me serrant la main comme à une adulte.

J'essayai de ne pas bégayer en lui répondant.

Éric monta à l'avant, Lily et moi sur la banquette arrière.

– Je suis sûre que tu es impatiente de voir Gnocchi, me dit Lily.

J'acquiesçai. Je ne voulais pas que Lily croie que je venais chez elle uniquement pour voir Gnocchi. Bien entendu, c'était un bonus, mais je voulais être amie avec Lily de toute façon.

La nervosité me gagna alors que nous nous éloignions de l'école. Et si c'était bizarre de revoir Gnocchi après tout ce temps ? Et s'il ne se souvenait pas de moi ? Et si ça me bouleversait tellement que je me mettais à pleurer devant les Chung ?

J'essayai de ne pas penser à tout ça en arrivant à la demeure des Chung. C'était bel et bien une demeure : une énorme maison blanche entourée d'immenses haies. Je masquai mon ébahissement.

Quand Éric ouvrit la porte d'entrée, une meute de chiens se rua sur nous en aboyant joyeusement. Il y avait deux chows-chows, trois corgis et un labrador chocolat. Éric attrapa le collier du plus grand chow-chow et Lily s'écarta du passage.

Je restai immobile, le cœur battant, jusqu'à ce que, finalement, je l'aperçoive, le plus petit de la troupe : Gnocchi.

Je ne sais pas pourquoi je m'inquiétais : dès qu'il me vit, il bondit vers moi en aboyant comme un fou. Le soulagement et la joie m'envahirent.

– Salut, petit, murmurai-je.

Je m'assis par terre au milieu de l'entrée et tendis les bras, mais le labrador essaya de monter sur mes genoux. M. Chung le rattrapa pour l'éloigner.

Puis je serrai Gnocchi fort dans mes bras. Debout sur mes jambes, il entreprit de me lécher consciencieusement le visage.

– Je crois que tu lui as manqué, dit Éric.

On aurait pu croire qu'il était jaloux.

Gnocchi grimpa sur moi comme nous le faisions au refuge pour que je lui embrasse les oreilles. Il tourna trois ou quatre fois sur lui-même avant de se lover, avec un adorable soupir.

Soulagée, je regardai enfin autour de moi. L'entrée menait à un immense salon meublé de canapés moelleux et de tapis de qualité. Lily observait les chiens à distance depuis l'un des canapés.

Les chows-chows vinrent me renifler mais ils s'assirent dès qu'Éric siffla. Les autres restaient poliment en retrait. (*Est-ce que les chiens peuvent être polis ?* me demandai-je.)

– Comment ils s'appellent ? demandai-je en caressant la tête de Gnocchi.

– Les corgis s'appellent Loki, Luna et Baxter, et celui-ci, c'est Basket, dit Éric en caressant le labrador. Les chows-chows, c'est Scotty et Sulu.

C'était des noms tirés de *Star Trek.* Qui pouvait bien être le fan de science-fiction dans cette famille ?

– Enchantée, dis-je aux chiens, qui restaient sagement assis.

Je n'aurais pas été surprise de les voir hocher la tête en retour.

Gnocchi émit un ronflement sonore.

– Bon, dit Lily en se levant du canapé. Maintenant que tu as fait la connaissance des membres canins de la famille Chung, est-ce que tu veux visiter la maison ?

– Oui, dis-je, un peu contrariée de devoir laisser mon Gnocchi.

Éric dut s'en apercevoir, car il ajouta :

– Gnocchi peut nous accompagner.

Je me levai sans le lâcher.

– Alors, demandai-je en suivant les jumeaux, où est la piste de bowling ?

Lily éclata de rire.

– On n'a pas de piste de bowling !

Elle me fit traverser un grand bureau, où M. et Mme Chung étaient assis chacun devant un ordinateur dernier modèle. Mme Chung me fit signe au passage.

– Ah bon ? demandai-je. J'étais sûre d'avoir entendu une rumeur qui disait que vous en aviez une. Et aussi une salle de cinéma.

– J'aimerais bien ! s'exclama Éric. Mais on a une piscine, ajouta-t-il en désignant le jardin.

Je poussai un soupir en pensant que j'aurais simplement voulu avoir mon ancienne petite maison, même si on n'avait ni piscine ni bowling. Au moins, c'était ma maison.

Nous entrâmes dans une petite pièce agréable avec un petit canapé, un gros fauteuil et des tas de paniers à chiens moelleux. Les chiens étaient tous là à jouer.

– C’est la pièce des chiens, expliqua Éric. Ils ont le droit d’aller partout dans la maison mais ils passent la plupart de leur temps ici, surtout quand on n’est pas là. Celui-ci, c’est le panier de Gnocchi.

C’était un panier beige et ovale, tout neuf. Il *ressemblait* à un gnocchi.

Gnocchi, qui s’était réveillé dans mes bras, se tortillait en direction de son panier. Je l’embrassai et le déposai par terre à contrecœur. Il trotta vers son lit en agitant la queue, la langue pendant d’un côté.

– Il a l’air en forme, dis-je, autant soulagée que triste que Gnocchi semble se sentir aussi bien chez les Chung.

– Oui, il se repose beaucoup. Maman lui a acheté de la nourriture spéciale pour sa digestion et tout. Mais il est super content de te voir.

– Moi aussi. Ça va être dur de le quitter.

Éric parut mal à l’aise.

– Eh, je suis désolé...

– Non, tu n’as pas à t’excuser ! m’écriai-je en me retournant rapidement pour suivre Lily dans l’escalier.

Je décidai que mes interactions avec Éric devaient rester strictement professionnelles. Si on commençait à parler de ce qui s'était passé au refuge, je serais trop bouleversée.

À l'étage, Lily me montra sa chambre aux couleurs vives, décorée d'un papier peint floral et de tapis roses. Elle dormait dans un lit à baldaquin, mais la pièce était si grande qu'il y avait un autre lit à l'air très confortable dans un coin.

– C'est ton lit, Cécilia.

Je déposai mes affaires, puis Lily suggéra d'aller prendre le goûter.

– À tout à l'heure au dîner, dit-elle à Éric en passant devant sa chambre.

La pièce était aussi grande que celle de Lily, mais elle était couverte de posters de joueurs de basket et de trophées sportifs alignés sur les étagères, ainsi que – je déglutis – de prix de concours canins.

Éric s'arrêta à la porte, une main dans les cheveux.

– Oh, euh... je pensais que, euh, je pouvais descendre goûter avec vous ? Et on pourrait jouer au Uno ou quelque chose comme ça ?

Lily grogna.

– Hein ? Tu veux traîner avec nous ? Tu ne viens jamais quand je suis avec mes copines, d'habitude !

C'était peut-être mon imagination, mais je crus voir les joues d'Éric rougir légèrement.

– C'était une idée comme ça. Mais si vous voulez que je reste terré dans ma chambre...

– Bon, d'accord. Venez !

Lily sautilla dans les escaliers, Éric à sa suite, tandis que je restais un peu à la traîne avec une drôle d'impression.

Dans la cuisine toute nette, Éric et Lily saluèrent la cuisinière, qui remuait une soupe onctueuse sur le feu. *Classe.* Mais je fus soulagée que Lily sorte un pot de fromage à tartiner et Éric un paquet de chips. Au moins, leur goûter n'était pas trop élaboré. Plutôt mon style.

Nous goûtâmes dans le salon en jouant au Uno. C'était amusant, même en présence d'Éric. Le soir, le dîner eut lieu dans la salle à manger avec M. et Mme Chung : soupe de tomate, saumon rôti et écrasé de pommes de terre, sorbet à la mangue pour le dessert, le tout délicieux. Puis, quand les adultes retournèrent travailler dans leur bureau, je suivis Éric et Lily dans la pièce des chiens.

Gnocchi bondit de son panier pour se jeter dans mes bras dès qu'il me vit. Les autres chiens dormaient tranquillement chacun dans son panier.

– Est-ce que... euh... Gnocchi peut dormir avec moi ce soir ? tentai-je.

– Bien sûr, dirent Éric et Lily en chœur.

Ouf.

– Alors, bonne nuit, me dit Éric d'un ton soudain formel, arrivé en haut des escaliers. L'entraînement commence demain matin.

Ah oui. Cette histoire d'entraînement m'était complètement sortie de la tête.

Éric disparut dans sa chambre pendant que j'emportais Gnocchi dans celle de Lily. Nous enfilâmes nos pyjamas pour regarder un film sur son énorme télé avant de nous mettre au lit pour discuter du film, de livres et du collège.

Le meilleur moment fut quand la petite boule de poils se lova à côté de moi et s'endormit instantanément. Ce serait si difficile de le quitter à nouveau. Je caressai la tête de Gnocchi avant de m'endormir.

Jamais je n'avais été aussi heureuse et triste de toute ma vie.

Tôt le lendemain matin, j'adressai à Éric le même regard incrédule que Gnocchi quand il nous montra ce qu'il voulait faire faire au chien.

Nous étions dans le jardin des Chung, où était installé un petit parcours d'agility. Le temps s'était encore rafraîchi et je frissonnais dans mon manteau bleu marine.

Éric courait autour d'un cercle peint sur la pelouse.

– Tu vois... c'est ce que Gnocchi doit apprendre en premier, dit-il. Sa foulée doit être régulière. Il ne faut pas qu'il soit distrait. Il ne doit pas regarder autour de lui ni changer d'allure. Il va falloir beaucoup s'entraîner pour qu'il soit prêt.

– Prêt ? Est-ce que tu l'as... inscrit à un concours ? Déjà ? Il est encore convalescent.

– Je le sais, rétorqua Éric. On commence doucement. S'il est prêt, il pourra participer au Concours du Cercle de Winsted. Ce n'est pas celui avec l'argent à la clé, mais c'est mieux pour débuter. Ça lui fera un bon entraînement. Pas de pression.

– Oui, c'est ça, le « Cercle de Winsted », ça sonne super détendu, dis-je en levant les yeux au ciel.

Le petit sourire qui sembla échapper à Éric me surprit.

– Ne t'inquiète pas, Cécilia. On commence tout doucement.

Lily, qui partait pour sa leçon de piano du samedi, nous salua. Je lui fis signe avant de me retourner vers Éric et Gnocchi.

– Mais que se passera-t-il s'il ne le fait pas bien ? demandai-je. Je veux dire, au concours.

Je pris Gnocchi pour le serrer contre moi. Même si mon plan était de le faire sortir des concours, je détestais quand même l'idée qu'il échoue.

Éric secoua la tête.

– Ça va aller, Cécilia. C'est promis. Je le répète, ce concours est très détendu. S'il est prêt à temps, c'est parfait... ça l'entraînera. Sinon, ce n'est pas très grave. Et puis on a encore pas mal de travail avant de pouvoir nous présenter.

J'avais déjà remarqué son utilisation du mot « nous ».

– « Nous présenter », répétai-je. Est-ce que ça veut dire que tu veux que *je* vienne au concours ?

– Je pense que Gnocchi se débrouillera mieux si tu es dans les parages. Mais si tu ne veux pas...

– Si, le coupai-je. Je viendrai. Commençons.

Je ne sais pas pourquoi je me comportais aussi bizarrement. Je posai Gnocchi par terre et me mis à marcher autour du cercle. Il me suivit, comme d'habitude, mais pas du tout droit. L'un des voisins des Chung avait mis en marche un souffleur à feuilles et Gnocchi sursautait ou s'arrêtait dès que le souffleur s'actionnait.

– Il faut lui apprendre à ignorer ce qui l'entoure, dit Éric.

– Dommage qu'on ne puisse pas lui mettre un casque antibruit à chien, plaisantai-je.

Éric s'esclaffa.

– Ce serait utile.

Une fois de plus sa réponse me surprit. Éric avait donc le sens de l'humour ?

– Mais, puisqu'on ne peut pas faire ça, comment on fait ? demandai-je. Comment tu fais avec les autres chiens ?

Il sortit un sachet de friandises de sa poche.

– Renforcement positif, déclara-t-il.

– Ooh, parfait. Je crois que tu as toute son attention.

Gnocchi avait accouru droit vers nous à la vue du sachet.

– Toute l'astuce est de l'entraîner sans le transformer en chien tout gras, expliqua Éric tandis que Gnocchi sautillait pour tenter d'attraper le sachet. La musculature est l'un des critères les plus importants pour le jury.

– Ah oui, c'est comme l'entraînement sans issue dans *Star Trek*, dis-je.

– Quoi ?

– Tu sais, dans un des films *Star Trek* il y a ce genre de simulation d'entraînement où il ne peut pas y avoir de dénouement heureux...

– Oui, je connais. J'adore ce film. J'étais juste surpris que tu connaisses.

Je lui lançai un regard noir mais décidai finalement de ne pas mordre à l'hameçon.

– C'est toi qui as donné leurs noms aux chows-chows, je suis sûre ?

— Scotty et Sulu ! s'exclama-t-il avec un grand sourire. Personne ne se rend jamais compte que c'est une référence.

– Je ne savais pas que tu étais un fan de science-fiction, lui dis-je.

– J'adore *Star Trek*. Je le regardais tout le temps avec mon oncle Mike, quand j'étais petit. Maintenant il vit en Corée, donc je ne le vois plus.

– C'est dommage. Désolée pour toi. Moi, je ne vois plus ma mère, ajoutai-je après une hésitation. Même si elle ne vit pas en Corée. Juste à Buffalo, dans l'État de New York.

Éric resta silencieux. J'en avais peut-être un peu trop dit en parlant de Maman. Comme Gnocchi m'observait de ses grands yeux bruns, je le soulevai et reçus des bisous baveux en retour.

Éric toussota.

– Buffalo, ce n'est pas si loin. Elle ne vient pas te voir ?

– Non. Pas très souvent. Pas l'an dernier, en tout cas.

– Ça doit être dur. Elle te manque ?

J'embrassai Gnocchi sur la tête.

– Parfois.

– C'est dommage pour ta mère. Elle rate vraiment une occasion de connaître quelqu'un de cool.

Je jetai un coup d'œil à Éric, étonnée. Mon visage était tout chaud.

– Merci.

Est-ce qu'il le pense vraiment ?

– On devrait se remettre au travail, finit-il par dire. Il y a du boulot avec ce petit gars.

– Pourquoi Gnocchi ? lâchai-je. Je veux dire : pourquoi c'est si important pour toi de prouver quelque chose avec Gnocchi ?

Il réfléchit à sa réponse un instant.

– J'ai grandi dans le milieu des concours canins. Et ça m'agace un peu que tout tourne autour de l'élevage et du pedigree. Alors je me suis dit que, si je devais continuer à faire ça, autant le faire comme *moi* je veux. Et, quand je suis passé devant votre stand à la journée des adoptions, j'ai pensé à tous ces chiots qui ne trouveraient peut-être jamais de famille.

Éric et moi pourrions-nous nous entendre sur un sujet ? Un sujet autre que Star Trek *?*

– Je voudrais vraiment prouver à mes parents qu'un chien adopté peut s'en sortir, voire même gagner, poursuivit Éric. Gnocchi avait peut-être l'air de rien en arrivant aux Pattes Orphelines, mais il est en train de devenir très fort, et il est un parfait spécimen de sa race. Si nous arrivons à l'entraîner...

– « Nous », dis-je.

C'était à moitié une plaisanterie, mais Éric parut mal à l'aise. Il devint soudain très sérieux et l'entraînement se poursuivit.

Une heure intense s'écoula. Éric donnait de petits morceaux de biscuit à Gnocchi quand il arrivait à parcourir une partie du cercle sans s'éparpiller. Pour finir, j'entrai dans le cercle et Gnocchi me suivit tout autour.

– Il ferait n'importe quoi pour toi, remarqua Éric, impressionné.

– On s'est liés. Et avoir des tas de biscuits sous la main, c'est utile. Ses préférés sont ceux au poulet.

– C'est bon à savoir. Je crois qu'on peut faire une pause. Tu veux un chocolat chaud ? Ma mère en a du super bon qu'elle fait venir d'Europe.

– Vous avez des marshmallows ?

Éric éclata de rire.

– On dirait que c'est une condition obligatoire. Heureusement, je crois qu'on en a.

– Alors ça ira, dis-je pour le taquiner. Ne t'inquiète pas, Gnocchi, tu en auras un aussi, chuchotai-je.

Les marshmallows ne faisaient clairement pas partie de son régime de préparation au concours.

– Hé, j'ai entendu, dit Éric sans se retourner.

En le suivant à l'intérieur, je me dis que ce n'était pas un ou deux marshmallows qui allaient saboter la carrière de Gnocchi aux concours.

Mais voulais-je vraiment la saboter ? Qu'est-ce que je voulais, déjà ? me demandai-je en entrant chez les Chung, la joue contre la douce fourrure de Gnocchi. La réponse à cette question me paraissait de moins en moins claire.

Idées de noms pour chiens de concours

1. Suprême de Gnocchi de Poulet.
2. Monstre du Biscuit de Poulet.
3. Poufsouffle de Choixpeau Magique Crochue (idée de Lily).
4. Capitaine James T. Kirk (idée d'Éric).
5. Gnocchi (mon idée).

14

Entraîner un petit gnocchi ?

Papa avait accepté de me laisser dormir une nuit de plus chez les Chung, donc je partis le dimanche matin. C'était difficile de me séparer de Gnocchi, qui ne semblait pas vouloir quitter mes bras. Mais en même temps j'avais l'espoir de revenir bientôt. Éric et moi avions encore beaucoup de travail pour le concours.

Quand j'arrivai chez ma tante, Pam faisait des pancakes.

– Bonjour, Cécilia, dit-elle avec raideur. C'était bien, ce week-end ?

– Oui.

C'était vrai, c'était génial de partager une chambre avec Lily et, bien sûr, de câliner Gnocchi. Mais Éric me rendait toujours un peu nerveuse.

– Ça sent bon, ajoutai-je en m'approchant de la poêle.

– J'avais envie d'en faire pour ton père.

– Il adore les pancakes, dis-je en posant mon sac à dos.

– C'est aussi son anniversaire.

Je sentis mon visage rougir et mon estomac se nouer. *Comment ai-je pu oublier l'anniversaire de Papa ?*

– Tu as oublié ! souffla Pamela. Franchement, Cécilia !

– Désolée. Il s'est passé tellement de choses...

– Je sais, répondit-elle d'une voix plus douce. Il y a eu pas mal de bouleversements ces derniers temps. Je vais t'emmener au centre commercial cet après-midi et on ira chercher une carte et un cadeau.

– D'accord. Merci, Pam.

– Pourquoi tu ne m'aiderais pas à faire le petit-déjeuner ?

La culpabilité ne me quitta pas quand je me lavai les mains. Pam me chargea de faire cuire les saucisses. Je les surveillai attentivement pour me rattraper d'avoir oublié l'anniversaire de Papa. Mais elles brûlèrent quand même un peu sur un côté. La cuisine n'était pas mon point fort.

– Est-ce que c'est l'odeur des saucisses que je sens ? demanda Papa en descendant l'escalier.

Il était encore en pyjama. Est-ce qu'il venait de se réveiller ? Je commençais à me faire du souci pour lui. Ces derniers temps, il se transformait de plus en plus en Monstre du Canapé. Sans parler des fois où je l'avais trouvé penché sur des piles de papiers au milieu de la nuit.

– Bon anniversaire, Papa ! m'écriai-je en espérant ne pas avoir l'air de me forcer. Désolée, ajoutai-je en lui servant une saucisse. Elles sont un peu trop cuites. Mais j'ai fait de mon mieux.

– Ce n'est pas grave, ma fille, dit Papa avec un petit sourire. Une saucisse, c'est une saucisse. Merci d'avoir aidé ta tante.

Je m'assis à côté de lui en essayant d'ignorer l'odeur de saucisse brûlée. Tante Pam fronça le nez.

– Où est-ce que tu veux aller dîner ce soir ? demandai-je à Papa.

– Oh, fit Pam. Je pensais préparer le plat préféré de ton père. Pain de viande et pommes de terre gratinées.

– Je... Je ne savais pas, dis-je en versant du sirop d'érable sur mes pancakes. Papa et moi on va toujours... mais, désolée... je n'ai pas réfléchi.

Papa prit le relais :

– Cécilia veut dire qu'elle et moi on sort toujours dîner, et celui dont c'est l'anniversaire choisit le restaurant où on le fête ! On peut peut-être sortir ce soir et manger le pain de viande demain ?

Son expression me rappela, trop tard, l'incident chez Chili, mais il n'allait pas aborder le sujet maintenant, et surtout pas devant tante Pam.

Cette dernière accepta le compromis. Elle aimait bien que tout se passe comme prévu, tant que c'était *elle* qui prévoyait.

– D'accord. Où veux-tu aller ?

– Je vais y réfléchir, dit Papa en croquant dans son pancake. Après tout, les repas d'anniversaire n'arrivent qu'une fois par an. C'était bien, chez ta copine, Cécilia ?

Je lui parlai de la maison des Chung, de tous leurs chiens de concours et de Gnocchi.

– Je suis content que tu te sois fait une nouvelle copine. Lily a l'air très gentille.

– Et c'est une famille aisée, ça ne fait pas de mal, ajouta Pam.

– Tu es sérieuse ? rétorquai-je. Tu crois que je devrais être amie avec une fille juste parce qu'elle a de l'argent ?

– Franchement, Cécilia ! s'exclama Pam.

– Cécilia, ne parle pas sur ce ton à ta tante, intervint Papa.

Je me sentis abattue d'un coup. Je me sentais déjà mal d'avoir oublié l'anniversaire de Papa, et maintenant ils se liguaient tous les deux contre moi.

– Je peux sortir de table ? demandai-je après avoir englouti mes pancakes d'un coup.

Papa se resservait des saucisses. Au moins, il les aimait.

– Oui, ma fille. On se verra au dîner.

Pam m'adressa un regard appuyé.

– Je t'emmène acheter tes *fournitures scolaires* dans une heure, dit-elle avec insistance en faisant allusion au cadeau de Papa.

Elle aurait fait une piètre espionne.

– Pas de problème, dis-je en débarrassant mon assiette avant de monter dans ma chambre.

C'était l'ancienne chambre de ma cousine Mandy. Il y avait encore tout son mobilier et beaucoup de ses vêtements dans le placard. (Malheureusement, le placard était trop petit pour pouvoir y passer du temps.) Mandy était adulte maintenant et elle travaillait pour un magazine de mode à New York. Il y avait aussi un autel à la gloire de Mandy sur l'étagère devant la fenêtre, avec toutes ses récompenses de concours de danse, et des tas de photos d'elle au lycée. Si seulement la coordination et la popularité avaient pu être de famille !

Je fis les cent pas, agitée, dans cette petite chambre qui n'était pas vraiment la mienne. En fait, toute la maison paraissait petite après avoir passé le week-end chez les Chung. Mais ça ne servait à rien de comparer.

Je m'assis au petit bureau pour appeler Mel sur Skype. Comme elle ne répondait pas, je défis mon sac à dos sur le lit. Je me souvenais comme j'avais été triste la première fois que j'avais appelé Mel sur Skype après son déménagement, et qu'elle n'avait pas répondu. Je m'étais sentie tellement seule. Mais maintenant, même si elle me manquait et que je voulais lui parler, au moins ce n'était plus aussi douloureux.

Quand j'entendis la sonnerie de Skype retentir, je manquai de trébucher en me précipitant au bureau. Mel me rappelait !

– Salut, toi ! dis-je alors qu'elle apparaissait à l'écran.

– Salut, toi-même !

La connexion Internet chez tante Pam laissait à désirer et l'ordinateur était très vieux. Aujourd'hui, l'image de Mel n'arrêtait pas de se figer ou de se pixéliser, mais ça faisait plaisir de la voir. Elle portait un tee-shirt violet vif avec un mégaphone noir à paillettes de pom-pom girl dessus. Un bandeau du même violet retenait ses cheveux bouclés en arrière.

– Tu t'en sors ? demanda-t-elle. La dernière fois qu'on a parlé, tu étais super stressée pour ton père.

– Oui, en fait, c'est de pire en pire...

Je lui racontai la soirée chez Chili et le moral de Papa qui semblait dégringoler, à cause de l'argent.

– Et maintenant j'ai passé un marché avec Éric Chung pour pouvoir gagner de l'argent et aider un peu Papa...

Mel haussa un sourcil et son image se figea comme ça pendant un moment. J'aurais voulu faire une capture d'écran parce que c'était à mourir de rire.

– Attends. Tu parles d'Éric Chung, *le* Éric Chung ? Star du basket, vice-président du conseil des élèves ? demanda la voix de Mel.

– Oui... *le* Éric Chung. Délégué de notre classe cette année.

– Pas surprenant. Il se la joue toujours autant ? Et pourquoi tu l'aides, d'abord ?

Je n'avais pas vraiment la réponse à cette question. Il y aurait eu trop à expliquer.

– Je me suis mise à parler avec sa sœur, tu te souviens de Lily ?

L'image de Mel se remit à bouger et elle hocha la tête.

– Elle est super sympa. Éric, lui, il est toujours aussi arrogant. Enfin, il en a l'air quand on le voit comme ça...

– Aha ! Donc, il s'améliore quand on le connaît mieux. Très intéressant, dit Mel avec un clin d'œil.

– Mais non, pas intéressant ! Je l'aide seulement à entraîner Gnocchi.

Mel approcha la tête de sa webcam.

– Tu *quoi* ? Tu étrennes un gnocchi ? Ta connexion est moisie.

J'éclatai de rire.

– Tu te souviens ? « Gnocchi », c'est le nom du petit chien. Éric veut l'inscrire à un concours canin. Comme Gnocchi m'obéit, j'aide Éric à l'entraîner.

– Je croyais que tu détestais les concours canins.

– C'est vrai. Pourquoi élever des chiens alors qu'il y en a tellement qui ont besoin d'un foyer ?

– Je suis sûre d'avoir déjà entendu ça, dit Mel en levant les yeux au ciel avec un grand sourire. Alors, qu'est-ce qui a changé ?

J'ouvris la bouche pour dire « rien », mais je m'aperçus que ce n'était pas vrai. L'arrivée de Gnocchi avait changé plein de choses. Je ne savais pas encore s'il allait devenir un chien de concours, mais si c'était le cas ? Et, si Éric continuait de me demander de l'aider à l'entraîner, je pourrais continuer à le voir.

– Je ne suis jamais allée à un de ces concours, dis-je pour finir. Je crois que je vais décider ce que j'en pense pendant le premier, le week-end prochain.

– Cécilia Murray qui réserve son jugement ? Voilà qui est très insolite.

– Toi et tes mots savants ! Tu t'es remise à lire le dictionnaire à tes moments perdus ?

Elle me tira la langue et je ris, car l'image s'était de nouveau figée.

— Non, mais j'ai lu des *tas* d'autres livres. Ah, zut, dit-elle en regardant sur le côté. Cécilia, je dois y aller. Mon père attend dans la voiture. On se parle plus tard, ok ?

Sur ce, elle se déconnecta et son image disparut.

– Salut, Mel, dis-je à l'écran vide.

Il me restait une demi-heure avant d'aller au centre commercial avec Pam. J'en profitai pour retourner à mon devoir de maths.

Je réfléchis au commentaire de Mel sur mon jugement. Avais-je tendance à tout détester immédiatement ? La question ne cessa de me trotter dans la tête jusqu'à ce que tante Pam m'appelle depuis le rez-de-chaussée.

15

Charme présidentiel

Lily me passa un petit bol qui contenait un aliment méconnaissable.

– C'est du kimchi, murmura-t-elle. En gros, c'est du chou, mais plus croquant et plus épicé.

– Et c'est bon ? demandai-je avec hésitation.

– Oui, promis, gloussa-t-elle.

Je me servis une petite cuillerée de la mixture rouge et croquai prudemment. L'arôme était fort et surprenant, mais pas mauvais. En fait, c'était même délicieux. J'en pris davantage, ainsi que du riz brun et quelques légumes marinés. Un grand fait-tout de soupe rouge-orange remplie de tofu et de raviolis aux légumes était posé sur la table et M. Chung nous servit tour à tour. Leur cuisinière était en congé ce soir-là, c'était donc lui qui avait préparé le dîner. Tout avait l'air excellent.

Je n'avais jamais mangé coréen, c'était très différent de ce dont j'avais l'habitude. Mon père ne savait préparer qu'un seul plat : la pizza surgelée. Ma tante était douée, mais tout ce qu'elle cuisinait était soit frit, soit rempli de fromage fondu. C'était agréable de découvrir quelque chose de nouveau.

On était mercredi soir, Éric m'avait demandé de venir l'aider à préparer Gnocchi pour le concours du Cercle, le samedi suivant. Mme Chung avait une soirée au travail, donc j'étais avec M. Chung, Éric et Lily (et environ cinq chiens à nos pieds). Tristement, je constatai que la fidélité de Gnocchi s'était déplacée le temps du dîner. C'était toujours Lily qui lui glissait de petits bouts de nourriture en douce sous la table, donc il restait à ses pieds pour manger. Je me demandai si Gnocchi aimait le kimchi.

– Au fait, Cécilia, bonne nouvelle. On va pouvoir faire l'agility *et* le concours samedi, annonça Éric. J'ai reçu les papiers de Gnocchi par courrier hier.

Il m'avait expliqué que la partie agility consistait en une petite course d'obstacles ouverte à tous les chiens. Mais, pour le concours traditionnel, les chiens devaient être de race et avoir les papiers qui le prouvaient.

– Comment c'est possible ? demandai-je, la bouche pleine. On a trouvé Gnocchi derrière une benne à ordures. Si quelqu'un a pris la peine de l'enregistrer, comment il a atterri là-bas ?

Éric secoua tristement la tête.

– Je ne sais pas. Mais il est né à Hartford et ses parents ont tous les deux un pedigree, du même éleveur.

– Comment tu peux être sûr que c'est bien lui ?

Je jetai un œil sous la table pour regarder Gnocchi qui mâchonnait joyeusement aux pieds de Lily.

– Ma mère connaît quelqu'un spécialisé dans ce genre d'enquêtes. Et puis Gnocchi a toujours sa puce, donc c'est facile de prouver son identité.

– Prouver l'identité d'un chien. Quel genre de personne exerce un tel métier ? C'est un détective privé pour chiens ?

Lily gloussa.

– On dirait un dessin animé de Disney Channel.

J'éclatai de rire à mon tour.

Évidemment, Éric resta sérieux.

– Il n'a pas été enregistré avec un nom de chien de concours, seulement un surnom. Donc il faut lui en trouver un. J'ai eu une idée... On pourrait mettre nos deux noms de famille, plus un rappel du nom que tu lui as donné. Que dis-tu de « Murray Chung McGnocchi » ?

Il sourit avant de lever son verre pour boire.

– Tu es sérieux ? s'esclaffa sa sœur. Ça sonne comme si vous étiez mariés et que vos enfants étaient des gnocchis.

Éric s'étrangla et recracha de l'eau sur sa sœur. M. Chung éclata de rire, et moi aussi, même si je me sentais rougir à l'évocation d'un mariage avec Éric. Trop bizarre. Éric aussi était rouge. Lily s'essuyait avec sa serviette et Gnocchi essayait de me grimper dessus pour avoir un meilleur point de vue sur la situation.

– Bon, peut-être pas, dit Éric.

Je baissai la tête pour éviter qu'on me voie sourire et me concentrai sur ma soupe pendant que M. Chung parlait de leurs vacances d'été aux jumeaux.

J'évitai le regard d'Éric pendant tout le reste du dîner. Au moment de quitter la table, il avait encore l'air gêné de sa suggestion.

Après le dîner, Gnocchi s'entraîna quelques minutes à courir en cercle dans le jardin, mais nous le fîmes rentrer à la tombée de la nuit.

– Tu peux revenir demain ? demanda Éric.

– Je dois vraiment aller au refuge. D'habitude, j'y vais tous les jours. Lori a laissé un message chez ma tante pour me dire qu'elle avait besoin d'aide.

– C'est ma faute... Je t'ai pris tout ton temps avec ce projet.

– J'aime bien aider avec Gnocchi. Mais je ne peux pas laisser tomber Lori.

– Est-ce qu'elle a besoin d'autres bénévoles ?

– Oui, on a toujours besoin de plus d'aide.

– Et si je venais vous aider demain ? Et on pourra travailler avec Gnocchi vendredi soir avant le concours ?

Je manquai de tomber à la renverse. Éric, *aider au refuge ?*

– Eh bien... euh, oui pourquoi pas ? Je veux dire, ce serait bien, oui. Lori serait contente.

Et elle se mettra sûrement à couiner et à te poser des milliers de questions si tu amènes un garçon au refuge, dit une petite voix dans ma tête.

– On peut y aller à pied du collège, non ? demanda Éric. Je pourrais te retrouver après la dernière heure... à ton casier ?

J'acquiesçai.

– D'accord, à demain alors, dit-il. Et encore merci, ajouta-t-il avant de monter les escaliers.

Je baissai les yeux sur Gnocchi, qui me regardait comme s'il avait compris toute la conversation.

– Je sais. Bizarre, hein ? lui dis-je.

– Oui, c'est un peu bizarre que tu lui parles comme si c'était une personne, dit Lily qui sortait de la cuisine. Mais c'est super mignon aussi.

Je ris, surprise, mais pas gênée.

– Ton frère va venir faire du bénévolat au refuge demain.

– Oh ! Ah oui, ça, c'est bizarre. Mais rien n'est plus bizarre que le nom qu'il a trouvé. Je ne m'en remettrai jamais.

– Moi non plus.

Je me penchai pour embrasser Gnocchi.

– J'ai amené un ami pour nous aider aujourd'hui, annonçai-je à Lori en entrant aux Pattes Orphelines avec Éric sur mes talons. Je te présente Éric. Tu te souviens, lui et sa mère ont adopté...

– Gnocchi. Bien sûr. C'est toi qui fais les concours canins.

Lori sourit à Éric avant de se tourner vers moi avec un regard qui disait : « Quand ce garçon sera parti je vais t'assommer de questions. »

Éric adressa un signe de tête à Lori.

– Ravi de te revoir. J'espère que ça ne dérange pas que Cécilia m'ait amené ? Elle m'aide à entraîner Gnocchi et elle a dit que vous aviez besoin d'aide ici.

– C'est parfait ! s'exclama Lori, qui cherchait déjà une blouse pour lui.

Puis elle lui fit visiter le refuge pendant que je classais les dossiers de nos derniers arrivants. Lori avait souvent du mal à traiter les dossiers, elle les empilait en attendant que j'arrive pour m'en occuper. J'entrai les informations des nouveaux chiots dans l'ordinateur en inventant des noms mignons dans ma tête. J'appelai le bébé berger allemand Hans, et le caniche toy Heidi. Le travail passa rapidement.

Lori revint avec Éric, qui avait déjà l'air débordé mais qui accepta de nourrir les chiens.

– Je vais lui montrer, dis-je. J'ai fini les mises à jour des dossiers.

– Déjà ? Cette fille est fantastique, dit-elle à Éric en me faisant un clin d'œil.

Je rougis à nouveau, alors j'attrapai Éric par la manche pour l'entraîner vers le chenil.

– Bon, on va nourrir les chiens, lançai-je à Lori par-dessus mon épaule.

– Lori a l'air sympa, dit Éric avec un sourire.

– Oui, elle est *fantastique*, dis-je sèchement. Bon, alors les portions pour chaque chien sont prévues en fonction de leur poids... qui est noté sur le tableau.

Je m'arrêtai à la première cage pour caresser le gros chien gris à travers les barreaux. Il se redressa et me lécha la main avant de remuer dans tous les sens en attendant sa pitance.

– Évite de tous les caresser, conseillai-je à Éric. La plupart sont gentils, mais je ne connais pas les nouveaux. Attends que je vérifie si tu peux ou non.

– Celui-ci est là depuis combien de temps? demanda Éric.

– C'est Rufus... Ça fait longtemps, au moins deux mois. J'espère qu'on va finir par lui trouver une bonne famille. Tu es un gentil chien, hein, Rufus? dis-je en le caressant à nouveau.

– Le pauvre, dit Éric avec sincérité. J'aimerais pouvoir faire plus. Que de le nourrir, je veux dire.

– Si tu veux, tu peux être bénévole à la prochaine journée des adoptions. Tu pourrais utiliser un peu de ton charme présidentiel pour convaincre une famille d'adopter Rufus.

– Mon « charme présidentiel » ?

Je rougis jusqu'aux oreilles. C'était un terme que je n'utilisais habituellement que dans ma tête... jusqu'à présent.

– Tu sais de quoi je parle, dis-je pour essayer de m'en sortir.

Éric eut un petit sourire.

– Pas du tout. Tu pourrais me donner un exemple?

– Je peux te donner un exemple de ton absence de charme en ce moment même, c'est le mieux que je puisse faire, dis-je en lui lançant un regard noir. Viens, je vais te montrer comment on mesure la nourriture.

Je continuai à lui donner des explications sans m'arrêter pour détourner son attention.

Aaaargh

1. Les devoirs de maths.
2. Les journées sans Gnocchi.
3. Les journées sans Gnocchi chez tante Pam.
4. Parler accidentellement du charme présidentiel d'Éric Chung <u>à Éric Chung</u>.

16

Le coup du biscuit

– Je suis ravi de vous voir aussi, madame Carlson, madame Levi, disait Éric à deux vieilles dames.

On pouvait dire que le public du Cercle de Winsted était plutôt âgé. Éric m'avait déjà présentée aux grands-parents d'au moins sept de nos camarades de classe.

– Tu vois, c'est ce que je voulais dire, lui soufflai-je à l'oreille alors que les deux dames s'éloignaient.

– Ce que tu voulais dire quand ? demanda Éric.

– L'autre jour, quand j'ai dit que tu étais présidentiel. Je voulais dire que tu es doué avec les adultes. C'est ce que je veux dire sur... ce que je voulais dire.

Je poussai un soupir : les mots qui sortaient de ma bouche échappaient totalement à mon contrôle.

Éric haussa un sourcil.

– Tu as dit que j'avais un « charme présidentiel », pour être exact, corrigea-t-il avec un petit sourire.

Pourquoi avait-il fallu que je reparle de cette histoire ? Je posai Gnocchi par terre pour chercher la brosse dans le sac que Mme Chung nous avait préparé.

– Je crois qu'il faudrait lui donner encore un coup de brosse, dis-je.

– Oui. Il faut qu'il soit à son avantage pour *charmer* les jurés.

– Argh !

Je sortis la brosse et lui jetai le sac à la figure alors qu'il éclatait de rire.

– Je suis allée évaluer la concurrence, déclara Lily en revenant vers nous à toute vitesse. Je pense que c'est gagné. Gnocchi est de loin le plus mignon.

– Ils ne jugent pas sur la mignonnerie, rétorqua Éric.

– Je sais. C'est très décevant. On pourrait peut-être plutôt l'inscrire à un concours de beauté pour chiens ?

– Si tu en trouves un, on l'inscrit, répondit son frère.

Je terminai de brosser Gnocchi et le repris dans mes bras pour l'emmener au centre de l'action. Mme Chung nous avait accompagnés pour l'inscription, puisque nous étions tous mineurs, mais elle nous avait laissés au concours pour aller se faire poser une manucure. Elle nous soutenait, mais un concours de peu d'envergure comme celui-ci ne l'intéressait pas beaucoup. Sans parler du fait que Gnocchi était le chien abandonné qu'Éric essayait de transformer en chien de concours pour prouver à sa mère qu'il avait raison.

La compétition avait lieu sur la place centrale de la ville, à quelques pâtés de maisons des Pattes Orphelines. Il y avait un espace réservé aux promenades des chiens et une petite table pour les juges. Une poignée de spectateurs seulement prit place sur les bancs et chaises éparpillés sur l'herbe. Ça ne ressemblait pas tellement à un concours canin. Dans ceux qu'on voyait à la télé, les entraîneurs et les maîtres portaient tous des tenues élégantes. Ici, les gens étaient vêtus normalement, en jupes ou pantalons. Moi, j'avais déterré dans le placard de ma cousine un pantalon noir et un gilet bleu pâle. Il fallait bien avouer qu'Éric était très beau en polo bleu et pantalon gris. C'était pénible.

– Bon, tu te rappelles ce que tu dois faire ? me demanda-t-il quand une voix dans le mégaphone appela les plus petits chiens à se rassembler.

Je posai Gnocchi à mes côtés.

– Je crois... Enfin, ce n'est pas si compliqué, dis-je, un peu nerveuse.

– Je vérifiais.

Il sortit un objet brillant de sa poche et se baissa au niveau de Gnocchi.

– Qu'est-ce que c'est que ce truc ?

– Son nouveau collier.

– Pourquoi il... scintille ?

– Ce sont des strass. Je ne suis pas un grand fan moi-même, mais il paraît que les colliers qui brillent sont très appréciés dans les concours. Gnocchi doit se mettre en avant par tous les moyens.

– Bon, bienvenue dans le show business, dis-je à Gnocchi. On t'enlèvera ça quand ce sera fini, c'est promis.

À son expression, j'aurais juré qu'il n'était pas trop enchanté par sa nouvelle décoration.

– Bon, alors c'est parti, dit Éric en nous menant à l'endroit où les entraîneurs attendaient en ligne avec leurs chiens.

– Quand ils t'appelleront, tu n'as qu'à lui faire faire le tour de la piste. Puis tu l'emmènes à cette table, là-bas, où les juges l'examineront.

Mon estomac se noua. Pourquoi étais-je si nerveuse ? Qu'est-ce que ça pouvait bien me faire, toute cette histoire ?

J'observai une dame en minijupe faire faire le tour de piste à son bichon havanais. Le chien trotta parfaitement durant tout le tour, avant de laisser la place à un homme avec un pinscher nain. Aucun des chiens ne sembla avoir le moindre problème jusqu'à ce qu'un teckel décide de faire des pauses sur la piste toutes les quelques foulées pour regarder sa maîtresse. Elle devait le tirer à chaque fois, clairement gênée. Puis ce fut notre tour.

Gnocchi me suivit sur la piste. Je retins ma respiration alors qu'il se mettait à trotter parfaitement. Nous étions à la moitié du cercle et tout se passait bien.

Jusqu'à ce qu'un biscuit pour chien tombe de ma poche. Gnocchi s'arrêta net, puis fit demi-tour pour aller le chercher.

Choquée, je regardai Éric, qui me fit signe de continuer, alors je tirai doucement la laisse de Gnocchi, qui termina le tour avec moi.

Je tremblais un peu en l'amenant aux juges et Éric me rejoignit.

– D'où venait ce biscuit ? murmura-t-il.

– Il est tombé de ma poche. Je suis vraiment désolée !

C'était vrai. Même si toute cette histoire de concours me paraissait stupide, une partie de moi voulait que Gnocchi s'en sorte bien. Je détestais être responsable de son échec.

– Ce n'est pas grave, dit Éric. Il faudra juste se souvenir de vider tes poches la prochaine fois.

– Tu veux dire que tu me laisseras le promener la prochaine fois ?

Les juges nous rendirent Gnocchi, et Éric le prit pour lui gratter la tête en le félicitant.

Je ne pus réprimer mon sourire.

– Oui, dit-il. C'est juste une erreur de débutant, ça arrive à tout le monde. Tu aurais dû me voir à mon premier concours.

– Il a remporté la première place, intervint Lily en nous rejoignant. Donc, s'il essaie de faire le modeste, ne l'écoute pas.

Je ne savais pas si je devais être fâchée contre Éric ou le remercier d'essayer de me rassurer.

– Vous voulez aller manger une glace en attendant les résultats ? demanda Lily.

– Je crois qu'on connaît déjà les résultats, dis-je, déprimée.

Lily passa son bras sous le mien.

– Haut les cœurs ! La glace au chocolat va tout arranger.

– S'il y a des noix de pécan, je veux bien te croire.

Nous traversâmes la rue pendant que les juges délibéraient. Éric accepta de laisser Gnocchi avoir une petite coupe de vanille pour célébrer son premier concours.

– Et la partie agility ? demandai-je en léchant ma glace. Je croyais qu'on allait lui faire faire la course d'obstacles.

Éric secoua la tête en essuyant de la glace menthe-chocolat au coin de sa bouche.

– On garde ça pour une prochaine fois. Ça demande beaucoup d'énergie, ce ne serait pas une mauvaise idée de le laisser se renforcer un peu.

Ça me touchait qu'il se soucie de la santé de Gnocchi.

– Je suis vraiment désolée pour le biscuit. Je ne sais même pas comment il a fait pour tomber.

Je mis une main dans ma poche et... découvris un trou.

– Oh, ça y est, j'ai compris !

Voilà ce que je récoltais à porter les vieux pantalons de ma cousine !

– Mystère résolu, nota Lily.

L'agitation s'accrut sur la place. Le président du jury allait annoncer les vainqueurs. Tout le monde se pressa à la table des juges. Nous arrivâmes à temps pour entendre que le pinscher nain avait gagné, suivi du bichon havanais. Le classement était noté sur un grand tableau posé sur une estrade.

Je m'y précipitai et trouvai rapidement le nom de Gnocchi. Nous avions gardé son nom, puisque ce concours n'était pas officiel. Il était avant-dernier, juste devant Cacahuète, le teckel distrait.

– Avant-dernier, dit Éric. Au moins, ce n'est pas dernier.

Je soulevai Gnocchi pour l'embrasser.

– Bien joué, petit, même avec mon pantalon défectueux tu es arrivé pénultième !

– Nul-quoi ? demanda Lily.

– « Pénultième » signifie « avant-dernier », dit Éric.

– Oui, mais ça sonne beaucoup mieux, non ? dis-je avec un grand sourire.

17

Invitation surprise

– Sans le trou dans la poche de pantalon, il aurait fait beaucoup mieux, expliquait Éric à Lori, le lendemain.

Cette dernière affichait une expression compatissante.

– Tu ne devrais pas culpabiliser Cécilia pour cette histoire de pantalon. Elle a perdu presque toutes ses affaires dans l'incendie il y a quelques semaines, tu te souviens ?

Éric se tourna vers moi, tout surpris.

– Quel incendie ?

Je lançai un regard noir à Lori.

– Disons que ma maison a brûlé, dis-je sans croiser son regard. Enfin, pas *entièrement*, mais elle a été condamnée après l'incendie, alors...

J'étais gênée de raconter cette triste histoire à Éric. La maison des Chung – le système électrique et tout – était super moderne et en parfait état.

– Je ne savais pas, dit-il doucement.

Lori disparut juste après avoir parlé de ma maison. J'entendais le cliquetis de ses escarpins à paillettes s'éloigner alors qu'elle prenait la fuite.

– Je croyais que tu avais toujours vécu avec ta tante, dit Éric. Je suis vraiment désolé.

– Ce n'est pas ta faute, marmonnai-je en nettoyant la litière qu'il me tendait.

– Je ne voulais pas dire... Eh, tu sais, si tu ne veux pas en parler, ce n'est pas grave.

– Merci.

Je n'avais *pas du tout* envie d'en parler.

– Alors, tu fais quoi, le week-end prochain ? demanda-t-il.

– Il y a un autre concours ? dis-je, surprise par sa question.

– Non. Mais je, euh, je me demandais si tu voulais m'accompagner, avec Lily, au bal du printemps ?

Le bal du printemps ? J'avais à peine remarqué que le collège organisait un bal et je comptais encore moins m'y rendre.

– Je croyais que Lily y allait avec Joey Lewis ?

Ce fut la seule réponse que je parvins à articuler. Je savais que Lily avait un faible pour Joey depuis toujours et qu'elle avait été surexcitée quand il l'avait invitée au bal la semaine dernière.

Sans me regarder, Éric attrapa la dernière litière sale de la pile.

– Elle est... Enfin, j'ai pensé qu'on pourrait y aller tous les quatre. Comme ça, tu serais avec Lily... et toi et moi on pourrait y aller en amis. Qu'est-ce que tu en dis ?

« En amis ». Pourquoi ces mots me tracassaient ?

– Désolée, j'essaie de comprendre ce que tu viens de dire. Je ne suis jamais allée à ce genre d'évènements, admis-je en rougissant.

Je songeai à ce que Mel, Lori et Papa avaient dit. À propos de sortir de ma carapace. Jusqu'à maintenant, sortir de ma carapace s'était révélé plutôt agréable, j'avais passé du temps avec Lily, et même avec Éric.

– Oui, ça pourrait être chouette, dis-je pour finir.

– On pourra fêter le premier concours de Gnocchi.

– D'accord !

Il sourit et retourna à son nettoyage, plus cool que jamais.

Quant à moi, je l'observai, complètement perdue. Est-ce que Lily savait qu'il allait m'inviter au bal ? Est-ce qu'elle lui avait dit de le faire ? Pourquoi avait-il tellement insisté sur le fait que c'était « en amis » ?

Moi, ça m'allait. Après tout, quelques semaines plus tôt, je haïssais ce garçon. Mais maintenant...

En rentrant chez tante Pam, je montai à ma chambre de substitution et arrosai le petit cactus qu'Éric m'avait offert.

Peu importaient les circonstances, moi, Cécilia Murray, j'allais à un bal du collège ! J'ouvris le placard. Dommage que ma cousine n'ait pas laissé de robe élégante. J'allais devoir convaincre Pam de m'emmener faire du shopping. Pourvu que je survive à cette épreuve.

Je m'assis à l'ordinateur, mais Mel n'était pas en ligne.

Elle faisait sûrement quelque chose, avec des gens. Et samedi prochain, c'était ce que je ferais moi aussi.

Liste (surprenante) de choses à faire

1. Acheter une robe.
2. Aller chez le coiffeur (demander à Pam de m'emmener).
3. Apprendre à me maquiller (demander de l'aide à Mel et/ou Lily).
4. Trouver des accessoires (Gnocchi n'est pas le seul à pouvoir porter des strass).

18

Une citrouille pour Cendrillon

– Non, souriez *normalement*, dit Papa en essayant de nous prendre en photo, Éric et moi, avant le bal.

Nous étions devant chez tante Pam. Heureusement, elle était de sortie avec des amis. Je n'avais pas besoin d'un autre témoin de mon humiliation.

Je répondis par une grimace.

– Ah oui, beaucoup mieux, dit Papa.

Éric avait l'air étrangement nerveux. Il n'arrêtait pas de regarder sa montre, comme si nous avions un bus à prendre. Il devait avoir peur que Papa le prenne à part pour parler d'homme à homme ou je ne sais quoi.

– Il se rend compte qu'on n'y va qu'en amis? demanda-t-il alors que mon père continuait à nous mitrailler.

– Je le lui ai dit, soupirai-je.

D'accord. C'était bon, j'avais compris le message: nous n'étions que des amis. Pourquoi fallait-il en faire toute une histoire?

– Passe ton bras autour de ses épaules! Elle ne va pas te mordre, s'écria Papa.

– Mais je vais peut-être *te* mordre! lui répondis-je. C'est juste qu'on va finir par être en retard au bal, expliquai-je devant sa mine déconfite.

J'étais soulagée qu'Éric n'ait pas exécuté l'ordre.

– Bon, je pense que j'en ai suffisamment. J'amène la voiture... attendez-moi là.

– Je suis impatient d'avoir l'âge de conduire, commenta Éric.

– Moi aussi. Désolée pour mon père...

Éric fit un signe de la main.

– Non. Il est sympa. Je te promets que mon père peut être encore plus gênant. Un jour, il a amené quatre des chiens à mon premier grand rassemblement du collège en tant que président des élèves. Ça se serait presque bien passé si Sulu n'avait pas vomi sur les chaussures du principal, dit-il alors que nous descendions l'allée. Eh, pourquoi tu marches comme ça ?

Je poussai un grand soupir.

– Il se trouve que je n'ai jamais porté de talons avant...

Deux jours plus tôt, Pam m'avait emmenée faire les boutiques et elle était au paradis. Au début, je m'étais sentie mal à errer dans le centre commercial, mais, tout doucement, j'avais commencé à... enfin, peut-être... à bien m'amuser.

Surtout quand j'avais trouvé et essayé une robe magnifique. Elle était noire et sans manches, avec un ruban noir autour de la taille et le bas plissé qui volait légèrement quand je tournais sur moi-même. Le mieux, c'était les minuscules strass sur le devant qui scintillaient à la lumière.

– Tu es trop jeune pour porter du noir, avait protesté Pam. Tu devrais porter de la couleur.

– J'aime le noir, avais-je rétorqué.

– Mais ça lui va bien ! Et le noir, c'est très à la mode.

C'était Mel qui assistait à la scène depuis la caméra du téléphone de Pam.

Ma tante avait fini par se ranger à l'avis de Mel. Elle disait toujours que les goûts en matière de mode de mon amie étaient très sûrs.

Nous avions donc acheté la robe et j'avais même laissé Pam me traîner jusqu'au magasin de chaussures où j'avais trouvé les sandales à talons sur lesquelles je titubais à présent. Ce n'était pas si haut, mais, quand on ne porte que des Converse et des ballerines, n'importe quel talon pose problème.

J'appréciais quand même la sensation d'être élégante. Plus tôt dans la journée, Pam m'avait emmenée chez le coiffeur. En rentrant, j'avais essayé ma nouvelle tenue, avec les chaussures, dans la salle de bains. Maintenant que mes cheveux étaient plus courts, ils n'étaient plus si raplapla. J'avais très soigneusement ajouté un tout petit peu d'eye-liner comme Mel m'avait montré. Puis du baume teinté.

Le miroir était un peu vieux et trouble, mais j'aurais juré que j'étais assez... jolie.

Ensuite, Éric s'était présenté à la porte, plus beau que jamais dans son costume bleu foncé, et il était resté bouche bée en me voyant.

– Salut... euh, Cécilia...

Éric – Monsieur le Président en personne ! – était sans voix.

– C'est moi !

L'ébahissement d'Éric valait la peine d'avoir passé tout ce temps dans les magasins avec Pam.

À présent, il continuait à me regarder comme s'il ne me reconnaissait pas alors que nous montions en voiture. Lily se rendait au bal avec Joey Lewis et nous retrouverait là-bas.

Quand Papa nous déposa à l'entrée, je me concentrai pour ne pas me casser la figure avec mes nouvelles chaussures.

Lily accourut aussitôt à notre rencontre. Elle portait une robe rose. Je n'étais pas une grande fan de robes roses, mais la sienne était très mignonne et lui allait à ravir avec ses ballerines assorties.

– Cécilia... tu es magnifique !

Elle me prit dans ses bras avant de s'écarter pour détailler ma robe.

– Cette robe ! Et j'adore tes chaussures !

– Merci, dis-je en oscillant d'un pied sur l'autre. Je vais peut-être avoir besoin de m'appuyer sur toi. Où est Joey ?

– Aucune idée. Il ne danse pas, de toute façon, donc il ne me sert que pour les photos. Tu veux danser ?

– Où est passé Éric ?

– Avec les gars du basket, où veux-tu qu'il soit ? Viens.

Elle me tira par la main jusqu'à son cercle d'amies : Allie Cross et quelques filles des pom-pom girls, qui me sourirent toutes quand j'arrivai. Au début je me sentis un peu gênée à essayer de ne pas avoir l'air bête devant elles, mais, quand elles se mirent à parler du dernier contrôle de M. Key, mon malaise s'évanouit et je commençai à me sentir bien.

Allie et les autres se mirent à danser et Lily me proposa d'aller chercher du punch.

En chemin, j'aperçus Éric en grande conversation avec une très jolie fille que je n'avais jamais vue. Je sentis quelque chose qui ressemblait fortement à de la jalousie me transpercer.

Il se leva à notre approche.

– Salut, dit-il avec l'air soudain gêné. Je vous présente Destiny. Elle est au collège de Northridge... Elle est venue avec Austin.

Lily et moi saluâmes Destiny, qui était très petite et avait des cheveux blonds extrêmement brillants.

– Éric, intervint Lily, comme je ne trouve pas Joey, est-ce que tu pourrais aller nous chercher du punch, pour moi et *ta* cavalière ?

Elle jeta un regard de biais à Destiny. Même si Lily savait qu'Éric et moi venions en amis, j'appréciais qu'elle prenne ma défense.

– J'adore le punch, ajoutai-je avant de grimacer d'avoir dit quelque chose d'aussi inintéressant.

Perplexe, Éric s'exécuta sans rien dire.

– Alors, comme ça, tu es à Northridge ? demanda Lily à Destiny.

– Oui. C'est à Winchester.

– Ah oui, dis-je. Oui.

Plusieurs secondes de silence s'écoulèrent, puis Lily se leva d'un bond et m'entraîna avec elle.

– On va aux toilettes, dit-elle à la fille.

– D’accord, salut.

– Dis donc, c’est une bavarde, dis-je à Lily qui me traînait loin de la table.

– J’allais dire la même chose à ton sujet ! Qu’est-ce qui se passe ? Tu te rends compte que tu te comportes super bizarrement ?

Cette histoire de toilettes n’était qu’un stratagème pour nous éloigner de Destiny.

– Oui, je crois que je suis bizarre.

– Bon, fit Lily, exaspérée. Et tu sais pourquoi ?

Je crois que je savais ce qu’elle essayait de me faire dire, mais je restai muette comme une tombe.

Soudain, Éric apparut en portant prudemment quatre verres de punch, alors Lily et moi revînmes à la table.

Éric tendit le quatrième verre à Destiny, qui l’accepta avec un sourire charmeur. *Argh*. Le regard de Lily passait de son frère à moi. Elle fit une nouvelle tentative de conversation avec Destiny :

– Alors, tu fais quoi comme activité à ton collège ?

– Je suis dans l’équipe de danse, répondit-elle sans fournir plus d’informations.

– Génial, fit Lily avant de regarder tout autour, sûrement à la recherche d'Austin Fuller, le cavalier fantôme de Destiny.

Contrairement à son habitude, Éric ne faisait pas du tout la conversation et se contentait de regarder son verre en lançant quelques plaisanteries sur les choix musicaux du DJ. Était-il nerveux à cause de Destiny ? Ou peut-être était-il aveuglé par la brillance de ses cheveux.

Pourquoi c'est si bizarre ? Je ne suis là qu'en amie avec Éric. Qu'est-ce que ça peut me faire qu'il se comporte comme ça en présence de Destiny ?

Au bout d'une éternité à rester assis tous les quatre dans un silence gênant, Austin et Joey arrivèrent. Lily se leva pour prendre le bras de Joey et je fus soulagée de voir Destiny se rapprocher d'Austin.

La tension entre Éric et moi se relâcha, avant de revenir à la charge de plus belle : le DJ envoya un slow.

Éric se leva pour me rejoindre.

– Tu veux danser ?

La nervosité s'empara de moi. Je n'avais jamais dansé avec un garçon de ma vie. J'avais vu des gens danser des slows dans des milliers de films et de séries, mais, là, c'était différent, *c'était la vraie vie.*

J'acquiesçai sans rien dire, me levai et trébuchai. Éric me rattrapa.

Quelle gourde !

– Les talons, lui rappelai-je.

Dans un éclair de génie, je m'appuyai à son bras et retirai mes chaussures.

– Ça va mieux ? demanda-t-il.

– Beaucoup mieux.

Enfin j'étais de retour à ma taille normale et capable de marcher comme une personne normale.

Je déposai les chaussures sur une chaise avant de le suivre sur la piste. Très lentement, il passa un bras autour de ma taille. Mon cœur s'emballa. *Pourvu que je ne rougisse pas*. Je n'avais jamais entendu cette chanson mais je l'adorai immédiatement.

Éric m'attira un peu plus près de lui et je levai les yeux pour le regarder, en déglutissant avec difficulté.

– Merci de m'avoir fait venir ici, lui murmurai-je en cherchant quelque chose de plus intelligent à dire.

– De rien. J'ai pensé que ça te ferait du bien de passer une soirée à ne pas sauver tous les chiens du monde.

Je le dévisageai. Quand on me disait ce genre de chose, c'était en général pour se moquer de moi. Mais ça n'avait pas l'air d'être son cas. Du moins, je l'espérais.

– C'est moi qui devrais te remercier d'être venue, ajouta-t-il. Je sais que ce n'est pas trop ton truc.

– Si, j'aime bien danser. Et, apparemment, ça ne me dérange pas de bien m'habiller non plus. Bon, à part ces talons...

– Pour quelqu'un de discret, tu as toujours beaucoup de choses à dire, répondit Éric d'une voix amusée.

Il baissa la tête tout près de la mienne.

– Je sais. Désolée. Mais, si ça peut te rassurer, en fait je parle toujours beaucoup trop avec tout le monde.

– Et moi qui me croyais spécial.

Tu l'es, dit la voix dans ma tête. Je crois que la surprise se dessina sur mon visage. J'essayai de trouver quelque chose de normal à dire, mais en vain. La chanson se termina et nous nous écartâmes l'un de l'autre.

– Merci pour la danse, lui dis-je.

J'avais des papillons dans le ventre. *On est juste amis*, me répétai-je pour les chasser. Mais après cette danse je ne pouvais m'empêcher de me demander s'il n'y avait pas plus.

– Pas de souci.

Il sourit et me ramena à la table, où je m'assis à côté de Lily. Sa copine Emily, des pom-pom girls, lui parlait de quelqu'un que je ne connaissais pas. Alors je remis mes chaussures et titubai jusqu'aux toilettes.

En sortant, j'allais tourner au coin du couloir en direction du gymnase, quand j'entendis quelqu'un prononcer mon nom.

– Éric, mon pote, il faut absolument que je te le demande. Qu'est-ce que tu fabriques avec Cécilia Murray ?

C'était la voix d'Austin Fuller. Je m'arrêtai net.

– C'est la fille bizarre qui est avec nous en histoire, dit une autre voix.

J'entendis Éric rire et répondre :

– C'est juste une copine de ma sœur.

Mon cœur flancha. Une petite partie de moi avait espéré avoir eu un genre de complicité avec Éric ce soir, un peu plus forte que notre lien de co-entraîneurs de chiens. Au moins assez forte pour qu'il me défende contre des remarques pas du tout sympas.

Éric continua à parler, mais j'avais besoin de sortir de là. Je retirai mes chaussures d'un coup de pied et les laissai derrière moi. Puis je récupérai rapidement mes baskets de secours dans mon casier et utilisai le téléphone du CDI pour appeler chez ma tante. Mon père ne comprit pas pourquoi il devait venir me chercher derrière le collège. Et, quand je montai dans la voiture, il se demanda aussi où étaient passées mes chaussures, mais devant mon mutisme il n'insista pas.

À peine arrivée, je me précipitai dans ma chambre. Lily allait se demander où j'étais passée, j'aurais voulu avoir un portable pour lui écrire. J'allais devoir tout lui expliquer lundi.

Le problème, c'était que je ne savais même pas comment expliquer. Pourquoi les paroles d'Éric m'avaient tant blessée ? Il m'avait dit dès le départ qu'il me proposait d'aller au bal seulement en amis. Il n'avait pas vraiment fait ou dit d'horreurs sur moi. Ou alors si ? Il avait flirté avec cette Destiny. Il avait dit que j'étais « une copine de sa sœur », même pas une de ses copines à lui. Et il s'était moqué de moi avec ses copains, sans prendre la peine de me défendre quand quelqu'un avait dit que j'étais bizarre.

Je me roulai en boule sur mon lit d'emprunt sans retirer ma belle robe neuve. Là, dans le noir, je regardai enfin la vérité en face. Durant cette soirée, je m'étais sentie un peu comme Cendrillon. Après tout, j'étais sortie de ma vie ordinaire à nettoyer les cages des chiens du refuge. Porter une nouvelle robe, du maquillage et surtout danser avec Éric, ça ressemblait à un conte de fées.

Mais c'était fini, Cendrillon. Mon carrosse s'était transformé en citrouille.

J'avais cru que j'étais en train de changer. Mais j'étais toujours une tortue bizarre, après tout.

Moi qui commençais à penser que je me trompais au sujet d'Éric, je me rendais bien compte que j'avais eu raison dès le début, quand j'avais décidé qu'il n'était qu'un crétin arrogant.

19

Rien à voir avec Cendrillon

Les chaussures me trahirent.

Je me rendis aux Pattes Orphelines le lundi matin. Nous n'avions pas classe à cause d'une réunion des professeurs.

Un seul regard à ma mine mélancolique, et Lori comprit qu'il ne fallait pas poser de questions sur le bal. Elle me serra simplement contre elle en me disant que je pouvais rentrer chez moi si je préférais. Mais rester dans ma petite chambre à revoir la scène du bal était bien la dernière chose que je voulais. Alors je demandai du travail, qu'elle me donna :

je devais inventorier tout le matériel médical du placard du fond.

Après avoir tout sorti des étagères, je me noyai dans les comptes de boîtes de pansements et de produits antiseptiques. J'éternuais pas mal à cause de la quantité de poussière. Je dus remplir mes poches de papier toilette pour me moucher.

Je ne sais pas combien de temps passa avant que Lori vienne me voir.

– Cécilia, tu as de la visite.

À l'accueil du refuge, je découvris Éric Chung.

Lori affichait un sourire crispé, comme si elle savait qu'Éric était la cause de ma mauvaise humeur.

– Ton assistant est revenu ! annonça-t-elle dans une tentative vaine pour détendre l'atmosphère. Appelle-moi si tu as besoin, murmura-t-elle avant de quitter la pièce rapidement.

Éric tenait mes chaussures noires.

– Tu as perdu quelque chose ?

Je voulus les lui arracher, mais il les tint hors de ma portée. Il me dévisagea, moi et tout mon papier toilette qui sortait de mes poches.

– Donc, j'avais raison. Tu as tout entendu.

– Évidemment que j'ai tout entendu. Tu savais que j'étais là. Tu as mes chaussures.

– Je suis venu te les rapporter. Mais surtout m'excuser.

– D'accord.

Je me retournai pour jeter le papier toilette dans la poubelle la plus proche.

– Tu n'as pas à t'excuser. Mais merci d'avoir rapporté mes chaussures.

– Comment tu as fait pour rentrer sans tes chaussures ?

– Qu'est-ce que ça peut te faire ? Je suis juste la copine bizarre de ta sœur, rappelle-toi.

– Cécilia, je suis vraiment désolé.

Il voulut s'approcher mais se ravisa, incertain. Ce qui n'était pas dans les habitudes d'Éric Chung, sauf la fois où il m'avait demandé de l'aide avec Gnocchi.

– Je... Je ne pensais pas que tu entendrais. Je ne voulais pas te blesser. C'est juste que... parfois c'est difficile d'expliquer ma vie avec les concours canins à mes copains. Ils se moquent beaucoup et je... je ne voulais pas expliquer comment on se connaissait, et que je suis en train d'entraîner un nouveau chien. Ils diraient : « Quoi ? Encore un nouveau chien ? »

J'eus un flash de toutes les fois où Mel et Papa m'avaient dit la même chose.

– Et pour la remarque comme quoi tu serais bizarre... les autres plaisantaient et je les ai juste suivis. Je ne voulais pas dire que... c'est juste qu'en fait j'aime bien que tu puisses être bizarre de temps en temps, Cécilia. Tu es... très différente des autres filles. Tu es vraiment... cool.

Il me regardait droit dans les yeux si bien que j'avais du mal à faire semblant que tout allait bien. Impossible de savoir s'il était sincère où s'il essayait juste de faire en sorte que je continue à l'aider avec Gnocchi.

Mais la voix dans ma tête ne cessait de répéter : « C'est juste une copine de ma sœur. » Et moi qui croyais qu'on pouvait peut-être devenir plus que des amis... alors qu'il ne me considérait déjà même pas comme une amie.

– Tu ne m'as pas blessée, mentis-je. Je vais parfaitement bien. Donc, tu peux laisser les chaussures et t'en aller. Puisque je suis une copine de Lily, nous serons sûrement amenés à nous revoir. Mais on n'est pas obligés d'être amis. On sera...

– Courtois ?

Il sourit, mais c'était un sourire sans joie.

– Voilà. Courtois. Parfait. Soyons courtois.

Je retournai à mon inventaire, mais il posa la main sur mon bras pour m'arrêter.

– Cécilia, attends.

Je tendis la main vers mes chaussures sans le regarder. C'était trop gênant. Comme il ne bougeait pas, je levai la tête.

– J'espérais vraiment que tu allais me pardonner d'avoir agi comme un crétin. Peut-être que tu le feras un jour. Et je ne vais pas arrêter d'essayer de me faire pardonner. Parce que... je... nous... Gnocchi et moi, on a vraiment besoin de ton aide.

Gnocchi. Je fus tentée de laisser tomber le marché que nous avions passé, mais l'image de Papa allongé sur le canapé, déprimé, flotta dans mon esprit pour me rappeler pourquoi j'avais accepté d'aider Éric à l'origine. Et puis je ne supportais pas l'idée de perdre Gnocchi pour toujours.

– Je sais. Tu as besoin de mon aide, dis-je froidement.

Une autre question me vint, une question que je n'avais jamais posée parce que j'avais eu peur qu'il se mette en colère. Mais maintenant que nous n'étions pas amis, qu'est-ce qui m'en empêchait ?

– Pourquoi tu attaches tellement d'importance à tout ça ? demandai-je. Franchement. Pourquoi Gnocchi doit parader devant un tas de snobinards et être mesuré, pesé et examiné sous toutes les coutures ? Pourquoi tu ne peux pas simplement l'aimer ? Si j'avais pu le garder...

Éric fronça les sourcils, les yeux par terre, et poussa un long soupir.

– Le premier chien que nous avons eu était un chien abandonné. Il s'appelait Côtelette, et je l'adorais. Et puis mes parents se sont mis à s'intéresser aux concours de chiens et soudain on a eu tout un tas de chiens de race très chers à la maison. On aime tous nos chiens, mais j'ai toujours eu l'impression que mes parents aimaient moins Côtelette que les autres parce qu'il n'a jamais fait de concours. Et puis il est mort il y a quelques mois, et mes parents n'ont même pas eu l'air tristes. Alors, quand j'ai adopté Gnocchi, je voulais leur prouver que les chiens abandonnés méritent aussi qu'on les aime. Et je sais que le seul moyen, c'est qu'il gagne un concours. Pour moi. Et pour Côtelette.

Je ne savais pas quoi dire. Il venait d'étaler toute la vérité devant moi. Mais j'avais du mal à rapprocher les deux Éric : le crétin qui s'était moqué de moi avec ses copains, et l'adorable amoureux des chiens qui avait quelque chose d'important à prouver.

Je ne voulais certainement pas donner raison à ses parents. Et puis il y avait toujours de l'argent à la clé et ça, je n'allais pas le laisser passer. Moi aussi, j'avais quelque chose à prouver. Je devais prouver à mon père que je pouvais aider notre famille.

— Et j'ai peur, poursuivit Éric, que, si Gnocchi n'est finalement pas un chien de concours, ils me forcent à l'abandonner. Ils m'ont laissé l'adopter à condition que je sois entièrement responsable de lui. J'ai eu du mal à les convaincre, donc j'ai peur que, si Gnocchi ne trouve pas sa place dans le circuit, il n'en ait plus non plus chez nous. Mais je me suis attaché à cette petite boule de poils.

Mon cœur se brisa à l'idée que Gnocchi doive quitter son foyer douillet. Bien sûr que je voulais qu'il y reste, même si c'était avec Éric.

– Alors... est-ce que notre marché tient toujours ?

Mon silence le mettait mal à l'aise. Je n'avais toujours rien confirmé.

Je fermai les yeux, tendue. Aider Éric était la dernière chose que j'avais envie de faire, mais j'avais beaucoup trop de raisons de continuer.

– Ça tient toujours.

– D'accord, fit-il, soulagé. On se retrouve demain après les cours ?

– Oui. Maintenant, va-t'en, s'il te plaît.

Avec un dernier regard indéchiffrable, il s'en alla.

Lori débarqua une seconde plus tard.

– Qu'est-ce qui ne va pas ? Je savais que je n'aurais pas dû le laisser entrer. Est-ce qu'il a besoin qu'on lui remette les idées en place ?

Elle serra les poings en boxant l'air.

Je ne pus réprimer un rire.

– Non, ça va, Lori. Tu as déjà fait quelque chose que tu n'avais pas envie de faire mais que tu étais obligée de faire ?

Ce n'était pas très clair, mais j'espérais qu'elle me comprendrait quand même.

– Tout le temps, ma fille, tout le temps. Écoute, je ne sais pas ce qui t'arrive et je ne veux pas que tu me le dises si tu n'en as pas envie. Mais sache que tu es quelqu'un de génial. Et ceux qui ne s'en rendent pas compte ne méritent pas de t'avoir dans leur vie.

– Merci, Lori, dis-je en rougissant un peu.

– C'est dommage pour ce garçon, cela dit, ajouta-t-elle. Au début, j'ai trouvé que c'était trop mignon qu'il te rapporte tes chaussures du bal. Un peu comme Cendrillon.

Je secouai la tête en levant théâtralement les yeux au ciel.

– Je te promets qu'il est loin d'être le Prince Charmant.

Elle gloussa avant de sortir de la pièce. D'après les aboiements joyeux qui me parvenaient du chenil, je devinai que les chiens étaient ravis de revoir Lori. Elle était le genre de personne dont la présence illuminait toujours la pièce.

Je retournai à mon inventaire en pensant à autre chose. Même s'il avait semblé sincère en racontant l'histoire de Côtelette, était-il possible qu'Éric se serve de moi pour transformer Gnocchi en superstar ? Pourrions-nous devenir réellement amis un jour ?

Et pourquoi est-ce que ça m'inquiétait tant ?

Raisons d'aider à entraîner Gnocchi

1. Passer du temps avec Gnocchi.
2. Gagner de l'argent pour Papa.
3. Éric n'est pas aussi méchant que je le croyais.

20

L'équipe Murray

– Alors, ça s'appelle comment, ce truc ? demandai-je à Éric.

– Le Concours de l'Association Canine d'Agility...

– Tu es sérieux ? Ça s'appelle le CACA ?

– Tu ne m'as pas laissé finir... C'est le Concours de l'Association Canine d'Agility du Connecticut du Sud. Du coup, ça fait CACACS, donc ça ne veut plus rien dire. Et en plus ils n'utilisent pas les initiales.

– Donc, Gnocchi est déjà inscrit ? Ça a l'air d'un gros concours.

– Il va concourir uniquement à la démonstration. Je te l'ai dit, j'ai décidé de ne pas lui faire faire la course d'obstacles encore.

Éric parlait d'une voix patiente qui me donnait encore plus envie de l'étrangler. Même plusieurs jours après le bal, je sentais encore la tension entre nous. J'étais sur la défensive.

– Gnocchi doit se muscler un peu plus.

Je poussai un soupir et me retournai vers la chambre de Lily, où cette dernière était assise en tailleur par terre. J'étais venue après les cours pour faire mes devoirs avec elle et voir Gnocchi, et me faire coincer par Monsieur Concours Canin m'agaçait.

– Je me disais qu'on pouvait se remettre à l'entraînement, poursuivit Éric.

– D'accord. Quand tu veux.

Je ravalai tous les commentaires cinglants qui me venaient en tête. Je lui en voulais toujours pour ce qui s'était passé.

– D'accord, dit-il prudemment.

Puis je rentrai dans la chambre de Lily pour me jeter sur le lit.

– Qu'est-ce qui s'est passé entre vous deux ? demanda-t-elle en levant les yeux de son livre.

– De quoi tu parles ?

Je me redressai et fis semblant de chercher mon stylo, activité qui requérait toute mon attention.

– Je croyais que vous étiez en train de devenir amis. Éric s'était même mis à plaisanter en ta présence. Il ne fait pas ça avec tout le monde. Mais, depuis le bal, il est redevenu maladroit quand tu es là. Et toi, tu as l'air de lui en vouloir. Il a fait quelque chose de mal ?

J'avais trouvé l'excuse magique d'une gastro fulgurante pour expliquer ma fuite du bal, que Lily avait apparemment gobée. À présent, il ne me restait plus qu'à détourner son attention.

– Non, il n'a rien fait.

– Tu es sûre ? Parce que, si tu veux que je lui parle...

– Non ! Enfin, pas besoin ! Je vais bien. Il va bien. Tout le monde va bien.

– Oui, parce que tu as l'air d'aller vraiment super bien en ce moment. Qu'est-ce qu'il y a ?

Je me rejetai sur le lit. J'avais vraiment envie de me confier à Lily, mais c'était impossible. C'était la sœur jumelle d'Éric. Je ne voulais pas qu'elle se retrouve au milieu. Et puis, j'avais l'impression qu'elle serait très fâchée contre son frère si je lui racontais l'histoire, et je ne voulais pas provoquer de dispute.

– Rien. J'en rajoute, c'est tout.

– D'accord. Bon, tu me diras quand tu en auras envie, dit-elle en refermant son livre. Tu veux regarder un film ?

J'acceptai et repoussai toute pensée concernant Éric au fond de mon esprit. Pour le moment, j'allais seulement passer un bon moment avec Gnocchi et Lily devant la télé.

Le mercredi matin devant mon casier, Lily me proposa de passer à nouveau le week-end chez elle.

– Il y a une fête foraine qui s'installe au centre commercial de Winchester ! annonça-t-elle.

– Une fête foraine ?

– Une foire ambulante. J'ai vu les affiches en faisant du shopping avec ma mère l'autre jour. Il faut absolument qu'on y aille, je veux de la barbe à papa.

Ça semblait très important pour elle.

– Est-ce qu'il y a des manèges ?

– Bien sûr ! Et, comme je viens de le dire, de la barbe à papa !

J'hésitai, parce que j'allais devoir passer tout ce temps en présence d'Éric. Mais l'idée de voir Gnocchi et Lily était trop tentante. Je pouvais me contenter de faire comme s'il n'était pas là.

– Ignore-le, m'avait conseillé Mel la veille.

Je lui avais raconté toute la scène du bal et elle s'était montrée compatissante. Puis elle m'avait réconfortée avec une bonne nouvelle : elle allait bientôt me rendre visite ! Elle avait réussi à convaincre ses parents de venir en ville pour les vacances de printemps.

L'idée que Mel rencontre Lily et Gnocchi suffit à me remonter le moral.

– C'est d'accord, dis-je à Lily. Si quelqu'un peut m'emmener. Parce que mon père est sur une affaire en ce moment et il travaille tout le temps.

Bien qu'il ait beaucoup de travail, mon père semblait aller un peu mieux depuis quelque jours.

– Pas de problème, mes parents peuvent t'emmener. Ils t'adorent, tu sais ! Ils n'arrêtent pas de dire que tu es beaucoup plus polie que mes autres copines.

Génial, pensai-je sèchement. Tous les membres de la famille Chung m'adoraient. Sauf, évidemment, Éric.

Le soir suivant, je préparais mes affaires quand Papa s'assit sur mon lit en faisant mine de décider si oui ou non il me laissait passer le week-end chez les Chung. Je savais qu'il allait accepter, puisque c'était une activité sociale, et qu'il essayait de m'encourager dans ce sens. Mais, comme j'y passais déjà beaucoup de temps, il semblait penser qu'il existait une règle dans le code des parents qui exigeait de protester quand son enfant bien-aimée restait si longtemps loin de la maison.

– Tu es sûre que ça ne les dérange pas que tu y sois si souvent ? demanda-t-il pour la deuxième fois.

– Ce sont *eux* qui m'ont invitée, répétai-je.

– Je suis désolé que nous soyons obligés de rester chez Pam, Cécilia.

Je lâchai le jean que j'étais en train de plier.

– Quoi ?

– Je suis désolé que nous soyons obligés de vivre aux crochets de ta tante. Ce n'était pas prévu au programme.

Je m'assis à côté de lui.

– Ce n'est pas grave... Pourquoi tu dis ça ?

– Je t'ai entendue. Le soir où on est allés chez Chili. Je t'ai entendue parler avec Mel.

Une vague de honte me submergea. Que dire ? C'est vrai que je m'étais plainte d'être coincée chez Pam. Mais il n'était pas censé l'entendre. *Il a aussi dû entendre ce que j'ai dit sur l'argent*, pensai-je sombrement.

– Pardon, dis-je. C'est juste que... c'était vraiment dur de perdre notre maison. Je ne voulais pas que tu te sentes mal à cause de moi.

Papa avait les larmes aux yeux.

– Je ne t'en veux pas. Je suis vraiment désolé que nous ayons perdu la maison, moi aussi, et que je ne puisse pas faire mieux pour toi en ce moment. Comme je l'ai dit, ce n'était pas du tout prévu.

Je le dévisageai quelques secondes. Il était grognon depuis si longtemps, c'était surprenant de l'entendre parler comme ça.

– Ce n'était pas ta faute pour la maison, dis-je doucement. Mais... Papa, qu'est-ce qui était prévu ?

Il s'adossa contre le mur.

– Le plan, c'était que je gagne bien ma vie en tant qu'avocat. Pas que je gagne *moins bien* ma vie qu'en étant professeur. Je veux que tu aies une belle vie et je suis désolé que nous devions rester chez ta tante si longtemps.

– Oh.

Ça faisait beaucoup d'informations à digérer.

– Pardon... je ne voulais pas que tu saches tout ça. Tu ne devrais pas avoir à te préoccuper de l'argent.

– Tu peux me dire ce qui se passe. Je ne suis plus un bébé.

Il eut un petit rire.

– Cécilia, tu n'es plus un bébé depuis longtemps.

– Papa ? Est-ce que tu aimes être avocat ?

– Oui. Vraiment beaucoup, en fait. C'est juste que... je crois que j'avais une autre idée de ce que ce serait. J'adore aider les gens qui en ont besoin, mais on ne gagne pas autant d'argent que je le pensais.

– Mais cette nouvelle affaire... ça a l'air de bien se passer ?

– Je ne veux pas vendre la peau de l'ours, mais... oui, je crois que ça se présente bien.

– C’est génial, Papa. Que tu aimes ton travail, je veux dire. Moi, je te soutiens à fond. Tu as travaillé très dur pour ça. Tu es un super avocat. L’argent, c’est le moins important là-dedans.

C’est alors qu’il me vint à l’esprit que je n’avais peut-être pas besoin de l’argent du concours canin pour montrer à mon père que je le soutenais. Je n’avais qu’à le lui dire.

– Et puis, je ne crois pas que ce soit très grave qu’on n’ait pas de maison, ajoutai-je. Je peux habiter n’importe où tant qu’on est tous les deux. On forme une bonne équipe.

Papa me prit dans ses bras, pour la première fois depuis l’incendie. C’était la meilleure sensation au monde.

Il se leva en s’essuyant les yeux et me sourit. Puis il se frotta le dos.

– Enseigner l’EPS ne me manque pas. En revanche, ça me manque de ne plus être en forme.

– Tu peux toujours te remettre en forme. Refaire un de tes sports ?

– « Un de *mes* sports » ?

– En tout cas, ce ne sont sûrement pas les miens, lui dis-je en riant. Tu connais mon avis sur tout ce qui est situation athlétique organisée.

– Même si je l'ignorais, l'expression « situation athlétique organisée » m'aurait sûrement mis la puce à l'oreille.

J'éclatai de rire.

– J'ai une nouvelle, au fait, ajouta-t-il. Je suis à deux doigts de signer un bail pour une nouvelle maison, mais je dois d'abord régler quelques points avec mon travail.

Une nouvelle maison ! Je décidai que c'était le bon moment :

– C'est génial, Papa. Je suis vraiment désolée pour ce que j'ai raconté à Mel sur notre situation. Comme je l'ai dit, ça ne me dérange pas vraiment, tout ça. La seule chose qui m'embête, c'est que tante Pam est allergique aux chiens. Et je sais que tu n'as pas donné ton accord pour que j'en aie un. Mais... il s'est passé quelque chose, juste après l'incendie. Il y a un petit chien. Je sais que tu vas dire : « Encore un chien ! » Mais celui-ci était – est – différent. Gnocchi... il s'appelle Gnocchi. Et je voulais vraiment, vraiment, qu'il devienne mon chien. Mais ma copine... Lily, c'est sa famille qui l'a adopté.

Ce n'était pas prévu, mais quelques larmes se mirent à couler.

– Oh, Cécilia. Pourquoi tu ne m'as rien dit sur ce... Gnocchi ?

– Parce que je t'avais déjà demandé si je pouvais avoir un chien. Plusieurs fois.

– Pas récemment.

Je me rappelais ma décision d'arrêter de supplier Papa. J'attendais que le Monstre du Canapé décolle un peu du canapé. Peut-être que, si je lui avais tout dit, j'aurais pu avoir un chien plus tôt.

Mais dans ce cas je n'aurais jamais commencé à travailler au refuge, et je n'aurais jamais rencontré Gnocchi.

– Je suis vraiment désolé pour ce chien, Cécilia. Mais au moins c'est ton amie qui l'a adopté. Oh, c'est donc pour ça que tu passes ton temps chez elle !

– Oui, en partie.

– Bon, c'est bien que tu puisses toujours le voir, dit Papa en se dirigeant vers la porte.

– Attends ! Je voulais te demander quelque chose...

– Tu veux un chien. Quand on emménagera dans la nouvelle maison.

– Oui. Vraiment.

Papa se rassit à côté de moi.

– Bon. Je vais dire « peut-être »...

Je hurlai et me jetai à son cou.

– J'ai dit « peut-être ». Il y aura des conditions. De bonnes notes à l'école. Et potentiellement ta participation à au moins une situation athlétique organisée.

– Beurk, dis-je automatiquement.

Mais, quand Papa fit mine de hausser les épaules pour abandonner le marché, j'ajoutai :

– D'accord ! Je ferai du sport. J'en trouverai un dans lequel je ne suis pas complètement nulle. Peut-être.

– Bon. Ça me paraît sérieux. Maintenant je vais aller courir.

– Vraiment ? Ça fait environ trois ans que tu n'as pas fait de sport.

– Je sais. Il faut bien commencer quelque part.

– Vrai. Commençons par une grande marche, dis-je en me levant d'un bond. Je ne vais pas chez les Chung tout de suite. Je t'accompagne. Si tu veux ?

– Oui, dit-il avec un grand sourire.

Bras dessus, bras dessous, nous passâmes les trente minutes suivantes à chercher ses baskets avant d'aller nous promener.

Pendant que nous marchions, une nouvelle idée me traversa l'esprit parmi toutes les joyeuses pensées de ma conversation avec Papa.

Si j'ai le droit d'avoir un chien dans un avenir proche, serait-il possible que ce chien soit... Gnocchi ?

C'était dingue, je le savais, mais Éric avait dit que, si Gnocchi ne se faisait pas de place dans le monde des concours, ses parents pourraient vouloir s'en débarrasser. Ce qui aurait été terrible... si je n'avais pas de place pour l'accueillir chez moi. Mais ça allait changer.

Serait-ce si mal que ça de rater un concours canin... dans mon propre intérêt ?

L'art du sabotage

1. Les biscuits au poulet préférés de Gnocchi (beaucoup).
2. Une table fortuitement placée.
3. Une complice de confiance.

21

Le manège du malaise

Il y avait beaucoup de monde à la fête foraine, sûrement parce qu'il ne se passait jamais grand-chose de palpitant à Winchester. Il y avait des stands de restauration, des jeux, des manèges et, bien sûr, de la barbe à papa.

Éric nous accompagnait, Lily et moi. Je l'observais en douce, pour essayer de savoir comment il se sentait d'être coincé avec moi tout le week-end. Et aussi pour voir s'il se doutait que je complotais pour lui reprendre son chien.

Il suffisait de prouver aux Chung que Gnocchi n'était pas fait pour les concours. Je comprenais les motivations d'Éric, mais pourquoi Gnocchi devait-il être celui qui endurait tout cela ? Mon plan était simple : j'allais saboter le prochain concours, puis me porter volontaire pour débarrasser les Chung de ce fichu cabot désobéissant.

Perdue dans mes pensées machiavéliques, je trébuchai sur un câble et Éric me rattrapa par le bras.

Je me redressai en essayant de ne pas penser à la première fois où Éric m'avait rattrapée, dans le couloir du collège, à notre première rencontre officielle. Il s'était passé beaucoup de choses depuis ce jour-là.

– C'est là... LA BARBE À PAPA ! hurla Lily en se précipitant au stand.

– À croire qu'elle adore la barbe à papa, commentai-je.

– En effet, répondit Éric sans me regarder.

– C'est certain.

– Cécilia ?

– Oui ?

– Ça va ?

Je pris une grande inspiration et me tournai vers lui.

– Ça va. Pourquoi ?

– Tu es plus bavarde, d'habitude.

– C'est juste que j'ai très faim.

– Oh, d'accord. Je vais nous chercher des beignets, proposa-t-il, joignant le geste à la parole.

J'eus une drôle de sensation au creux de l'estomac en le voyant revenir armé de deux fourchettes et de délicieux beignets. Était-ce une sensation de culpabilité ? Ou quelque chose de tout autre ?

Je mangeai mon beignet avec Éric tandis que Lily engloutissait une énorme barbe à papa.

– Vous voulez faire un jeu ? Ou aller sur les manèges ? demanda-t-elle.

– Les manèges ! m'exclamai-je.

Mon père ne faisait pas trop confiance aux manèges ambulants, donc je n'avais pas souvent le droit d'y aller.

J'en choisis un qui tournait à toute vitesse avec la musique à fond. C'était une musique assez nulle, mais ça avait l'air marrant.

– Celui-ci ? demandai-je.

L'attraction s'appelait « Music Express ».

Je comptais monter avec Lily, puisque les wagons ne comportaient que deux places, mais en faisant la queue elle tomba sur Emily et deux de ses amies.

– Oh, parfait ! annonça Lily en se tournant vers Éric et moi. Vous montez ensemble et moi je monte avec Emily.

Argh.

Éric attendit que je choisisse ma place avant de monter à mes côtés.

Quand le manège commença à tourner, je me rendis compte de mon erreur. La personne assise à l'extérieur (moi) était écrasée contre la personne à l'intérieur (lui) à mesure que la nacelle prenait de la vitesse. J'essayai de combattre cette promiscuité gênante, mais, au bout de trois tours, j'abandonnai. Contre les lois de la gravité, il n'y a rien à faire.

À la fin, je m'écartai si vite d'Éric qu'on aurait dit qu'il avait une maladie contagieuse.

J'avais les jambes en mousse après avoir tourné aussi vite, collée contre lui.

– J'aimerais bien que tu me pardonnes, dit Éric tout bas.

Si bas que je n'étais même pas sûre de l'avoir entendu.

Puis nous ne parlâmes plus de tout le restant de la journée.

Le lendemain matin, je travaillai avec lui et Gnocchi dans le jardin. Je ne lui parlais toujours pas et je ne savais pas s'il avait remarqué que j'encourageais moins Gnocchi que d'habitude.

– Alors, tu as demandé à ton père si tu pouvais venir au concours régional samedi ? finit-il par s'enquérir, brisant le silence.

– Évidemment. C'est le marché. Je dois être présente.

J'eus un sursaut de crainte, comme s'il savait que je planifiais quelque chose qui allait non seulement le faire passer pour un idiot, mais aussi peut-être détruire sa réputation auprès de ses parents et de toute la communauté des concours canins.

– Oh. Je demandais, c'est tout, dit-il.

Assis entre nous, Gnocchi nous regardait tour à tour en ouvrant de grands yeux interrogateurs.

– Ça commence à neuf heures du matin, me rappela Éric. Il vaudrait peut-être mieux que tu dormes ici vendredi pour qu'on parte tôt.

– Peut-être. Je vais demander à mon père. Mais ma meilleure amie, Melody, sera là ce week-end.

– Invite-la au concours. Je suis sûr qu'elle peut dormir ici aussi. Ça ne dérangera pas mes parents.

– D'accord, on se voit en cours.

Je me penchai pour caresser Gnocchi, qui me lécha toute la figure, puis je le tendis à contrecœur à Éric.

– À bientôt, Gnocchi. Salut, Éric, ajoutai-je froidement.

Je ne sais pas pourquoi je me retournai avant de rentrer dans la maison. Éric restait là, Gnocchi dans les bras, immobile.

22

Saboter ou ne pas saboter ?

– Je ne me remets pas de cette nouvelle, Cécilia Murray, répéta Mel pour la énième fois.

– J'ai une nouvelle copine et je suis allée à un bal. Ah, et je suis allée chez le coiffeur. Ton étonnement commence à être vexant, lui dis-je.

Je reposai Gnocchi par terre dans la chambre de Lily pour pouvoir m'allonger sur le ventre. Il me lança un regard grognon avant de pousser un soupir et de se rallonger à mes côtés.

On était vendredi soir, la veille du concours, et Mel m'avait accompagnée chez Lily. Nos retrouvailles avaient été géniales. La veille, elle avait dormi sur un matelas gonflable chez Pam et tout le monde était d'accord pour qu'elle vienne chez les Chung. J'avais été un peu nerveuse à l'idée qu'elle et Lily se rencontrent, au cas où elles ne se seraient pas bien entendues, mais jusqu'à maintenant tout se passait à merveille.

– Ce n'est pas de l'étonnement, corrigea Mel, j'apprécie seulement la nouvelle toi.

– Bon, alors j'imagine que l'ancienne et la nouvelle moi doivent te remercier.

Lily nous rejoignit et posa un bol de M&M's entre nous.

– Vous êtes drôles, toutes les deux. Vous parlez de la même manière.

– Les mots savants, c'est sa faute, dis-je. Mel est une génie.

La génie me jeta un oreiller à la tête.

– Mais non. C'est juste que j'aime bien apprendre. Si tu mettais autant d'énergie à faire tes devoirs qu'à dresser toutes tes listes, ou à travailler au refuge...

– Ooh, quel genre de listes ? demanda Lily.

– Cécilia passe son temps à faire des listes super drôles. Mais elle ne me les montre presque jamais. Elles sont toutes dans son journal. Tu sais, tu devrais commencer à écrire, me dit-elle. Tu devrais écrire un livre !

Je rougis.

– Non. Je ne suis même pas encore au lycée !

– Et alors ? Taylor Swift a signé son premier contrat avec une maison de disques quand elle avait treize ans, protesta Mel.

– Mel est obsédée par Taylor Swift, expliquai-je à Lily.

– Moi aussi ! s'écria cette dernière. Tope là !

Hilare, je les regardai se taper dans la main.

– En fait, j'admire Taylor parce qu'elle fait tout pour atteindre ses objectifs, expliqua Mel.

– Tu sais, dit Lily en attrapant une poignée de M&M's, tu es un peu comme mon frère, Éric. Je dirais que vous devriez sortir ensemble, mais peut-être que vous vous ressemblez trop. En plus, je crois qu'il s'intéresse à une fille, dit-elle avec un sourire énigmatique.

Mon cœur s'arrêta net. J'échangeai un regard avec Mel. La veille, elle avait exposé sa théorie selon laquelle, malgré tout ce qui s'était passé, j'avais un faible pour Éric Chung. Et que c'était précisément la raison pour laquelle j'étais tellement fâchée par ce qui s'était passé au bal. J'avais vivement protesté et rougi, car elle se trompait, bien sûr. *Un faible pour Éric Chung ?*

Mais, en même temps, je me demandais de qui pouvait parler Lily. Je savais de source sûre que ça ne pouvait pas être de moi. Et puis, de toute façon, quand j'aurais mis à exécution mon plan pour récupérer Gnocchi, ce que je ressentais ou non pour Éric, comme ce qu'il ressentait pour moi, n'aurait plus d'importance. J'étais sûre que notre relation, amicale ou autre, serait détruite pour toujours.

– Éric aussi fait tout pour atteindre ses objectifs, poursuivit Lily. Il se soucie déjà de ses candidatures à l'université ! Alors qu'il est président des élèves et capitaine de l'équipe de basket.

– Ça détone un peu avec les concours canins, observa Mel.

– Il a toujours aimé les animaux, lui expliqua Lily. Il s'était attaché à un chien en particulier : Côtelette. C'était son préféré, alors que ce n'était même pas un chien très sage. Il a été vraiment triste quand Côtelette est mort, et je crois que ça lui a donné envie de s'occuper des autres chiens qui restaient. Il faut le voir avec Gnocchi. Parfois je le surprends dans la pièce des chiens à inventer des chansons pour l'endormir. D'après ce qu'il m'a dit, Gnocchi avait du mal à dormir à son arrivée chez nous.

Mon cœur flancha. C'était la chose la plus mignonne que j'aie entendue. Alors, comme ça, je n'étais pas la seule personne à chanter des chansons à Gnocchi !

Mais ma décision était prise. J'étais déterminée à mettre un terme à la carrière de Gnocchi dans les concours. Éric était peut-être adorable avec lui, mais il l'utilisait quand même comme un *outil* pour prouver qu'il avait raison. Moi, je voulais Gnocchi parce que c'était Gnocchi. Je méritais beaucoup plus que lui de l'avoir avec moi. Mon plan était parfaitement juste.

N'est-ce pas ?

Plus tard ce soir-là, quand Lily fut endormie, je dévoilai mon plan à Mel. Je me sentais vraiment coupable, car Lily était une bonne amie, mais elle restait la sœur jumelle d'Éric. Le plan devait donc demeurer secret entre Mel et moi.

Nous eûmes toutes les deux du mal à nous réveiller le lendemain matin. Lily et Mel faisant partie du public, elles pouvaient s'habiller comme elles voulaient, mais moi je devais être élégante, car le concours était officiel. J'avais exhumé un tailleur vert des profondeurs du placard de ma cousine. C'était très *officiel*. La veste, en particulier, était un élément crucial de mon plan diabolique.

Éric avait enfilé un costume noir avec une chemise blanche et il était très beau, ce qui m'embêtait énormément.

Le concours régional était organisé dans un grand hôtel chic du centre-ville. J'essayai de me comporter normalement dans la voiture de Mme Chung pour ne pas éveiller les soupçons d'Éric.

– Cécilia, pourquoi tu te comportes étrangement ? demanda-t-il d'un coup.

Raté.

– Mais non, tout va bien, mentis-je en évitant son regard.

– Si tu es stressée...

– Je ne suis pas stressée.

Il haussa les épaules, vexé.

Pense à ton but, Cécilia, me dis-je.

Nous entrâmes dans la salle de bal où allait se tenir le concours. Lily et Mel prirent place dans le public tandis que j'allai « en coulisses » avec Mme Chung, Éric et Gnocchi. C'était une énorme salle de conférence remplie de tables, de chiens, de leurs maîtres affolés et d'entraîneurs. Les animaux aboyaient, gémissaient et sautillaient pendant que les entraîneurs sifflaient, murmuraient, les brossaient et faisaient les cent pas. Il régnait une atmosphère agitée.

Éric posa Gnocchi sur notre petite table. Sa mère était au téléphone à quelques mètres. Officiellement, nous étions là pour « assister » Mme Chung. Gnocchi avait l'air nerveux, même si je lui avais déjà murmuré à l'oreille que ce serait peut-être la fin de sa carrière dans le show business.

Je sentis un regain de culpabilité à l'idée de tout le dur travail qu'Éric et moi avions fourni pour préparer Gnocchi. Mais je me concentrai sur mon but : Gnocchi, entouré de Papa et moi, sur le canapé de notre nouvelle maison.

Mme Chung revint vers nous.

– Ça va être notre tour. Vous êtes prêts, tous les deux ? Ou devrais-je dire : tous les trois ?

Elle rit et caressa Gnocchi.

– Il est prêt, déclarai-je en le prenant dans mes bras.

Éric me toucha l'épaule.

– Sérieusement, Cécilia. Tu es nerveuse ou quoi ?

– Ou quoi, rétorquai-je en détournant les yeux.

Dans la salle de bal, un immense cercle avait été installé. C'était comme le Concours du Cercle de Winsted, mais en beaucoup plus grand, et en intérieur. Un petit chien noir et blanc trottait en rond sur la piste. Il y avait beaucoup de monde installé sur les sièges pliables du public. J'aperçus Lily et Mel dans la foule. Papa et tante Pam auraient aimé venir, mais Papa avait dû aller au travail et Pam était prise par une fête pour le bébé d'une amie. En fait, ça m'arrangeait qu'ils ne soient pas là. J'avais également craint la présence de Lori, mais elle m'avait prévenue qu'elle aurait trop de travail au refuge.

Je dus confier Gnocchi à une femme en tailleur orange. Elle dégaina un mètre ruban pour l'examiner avec précaution, en émettant des bruits incompréhensibles. Je n'aurais su dire s'il réussissait l'examen ou pas. C'était bien plus rigoureux qu'au dernier concours. Elle nota toutes ses mystérieuses mesures dans un tableau avant de me rendre Gnocchi.

– Excellent spécimen, déclara-t-elle.

– Merci ?

C'était un compliment pour le moins curieux. *Excellent spécimen* ? Gnocchi était bien plus que ça. Il était gentil, adorable et attentif. Mais il leva tout de même la tête, l'air tout fier.

Nous attendîmes quelques minutes notre tour. C'était un concours par race et il n'y avait que quatre carlins. Mon travail était du gâteau, surtout depuis que je savais que j'avais un « excellent spécimen » avec moi.

Un carlin noir tacheté entra en piste. Il avait l'air tout jeune, presque un bébé, et n'arrêtait pas d'accélérer et de ralentir. Son entraîneur, un monsieur bedonnant en costume de tweed, lui faisait les gros yeux.

Notre tour arriva. Mon estomac se noua. Comme la dernière fois, j'allais devoir promener Gnocchi en rond. Je défroissai ma jupe verte. J'avais dû promettre à Éric qu'elle n'avait pas de poches.

Mais ma veste en avait. Et c'était la clé de mon plan. Je la retirai et la déposai à l'écart du cercle. Je connaissais la motivation sans borne de Gnocchi quand il y avait des biscuits au poulet dans les parages. Le plan était que Mel glisse en douce un tas de biscuits dans les poches de ma veste, puis que je laisse la gourmandise et l'odorat de Gnocchi faire le reste.

Mais soudain je croisai le regard d'Éric. Je lus l'impatience et l'espoir dans ses yeux, et l'hésitation s'empara à nouveau de moi. Je repensai aux chansons qu'il chantait à Gnocchi, et à sa gentillesse avec lui depuis le début. C'était égoïste de ma part d'essayer de lui reprendre un chien qui n'avait jamais été à moi. Gnocchi avait déjà un bon foyer, et quelqu'un qui l'aimait. Et, malgré ce qu'Éric pensait, je savais que ses parents s'en rendraient compte eux aussi.

Et puis il y avait autre chose. Alors que les yeux bruns d'Éric soutenaient mon regard, je rougis jusqu'aux oreilles. Il me semblait que Mel avait raison. Même si je voulais détester Éric, je ne pouvais pas nier que j'avais fini par l'apprécier énormément. Même *plus que ça*. Pas seulement parce qu'il était mignon. Mais parce que nous avions beaucoup de choses en commun – les chiens, *Star Trek*, et tout le reste. Même s'il ne me voyait que comme une amie, voire moins, je ne pouvais pas laisser mes propres émotions barrer la route à son rêve pour Gnocchi.

Mais, avant d'avoir le temps de faire signe à Mel d'abandonner sa mission, je la vis qui se levait discrètement. Elle suivait le plan à la lettre : fourrer les biscuits dans les poches de ma veste. J'essayai d'entraîner Gnocchi le plus loin possible, mais j'avais sous-estimé son odorat. Même à l'autre bout de la salle, il savait ce qu'il y avait dans la veste, et rien ne se mettrait en travers de son chemin. Il bondit à travers la piste avec la force d'un dogue allemand et je n'eus d'autre choix que de me laisser entraîner.

Comme prévu, il se mit à bondir pour tenter d'atteindre les biscuits. Il refusait de faire quoi que ce soit d'autre. Éric me lança un regard paniqué. Mme Chung, encore au téléphone, ratait toute la scène. J'essayai de le tirer dans la bonne direction, mais il finit par réussir à se libérer et faire tomber la veste. Puis il se servit dans les poches, tira la veste jusqu'à moi, et entreprit de trotter en cercle comme prévu, mais en traînant ma veste verte derrière lui.

La femme au tailleur orange vint nous demander de quitter la piste et nous informa que nous étions disqualifiés.

Disqualifiés.

Mon estomac se tordit de honte.

Le plan avait fonctionné.

Je ramassai Gnocchi, ma veste, et retournai vers Éric.

– Qu'est-ce qui s'est passé ? demanda-t-il, bouche bée.

– Je... je... je suis désolée, bégayai-je sans le regarder.

– Est-ce qu'on est disqualifiés ?

J'acquiesçai, les yeux par terre. Dans mes bras, Gnocchi baissait la tête, comme s'il comprenait qu'il avait fait une bêtise.

Éric alla raconter ce qui venait de se passer à sa mère, qui secoua la tête, l'air déçue. Je le suivis en coulisses avec Gnocchi.

– Cécilia, dit doucement Éric. J'ai vu ce qu'a fait Mel. Est-ce que tu as essayé de saboter la démonstration de Gnocchi ? Je ne comprends pas.

Son expression reflétait un mélange de déception, de colère et de confusion.

J'hésitai à lui raconter un mensonge. Mais ça n'en valait pas la peine. Alors je laissai les mots sortir. Je lui racontai tout : mon père qui acceptait enfin que j'aie un chien, et mon complot pour faire rater le concours à Gnocchi afin que les Chung ne veuillent plus de lui. Je me sentis affreusement mal en parlant, mais aussi soulagée d'un grand poids.

– Mais, quand j'ai vu à quel point tu voulais qu'il gagne, et quand j'ai entendu Lily me dire comme tu t'occupais bien de lui, j'ai compris qu'il fallait que je laisse mon égoïsme et mes sentiments... bizarres au vestiaire, et accepter que tu gardes Gnocchi. Mais c'était trop tard. Et j'ai tout gâché. Je suis tellement, tellement désolée.

J'enfouis la tête dans mes mains.

– Tes sentiments bizarres ? demanda Éric. Quels sentiments bizarres ?

Mince ! Pourquoi avais-je parlé de mon chaos émotionnel ? Et puis... je n'en croyais pas mes oreilles. De tout ce que j'avais raconté, c'était la seule chose qu'il avait retenue ?

– Rien, dis-je. Je voulais juste dire que... enfin...

Bon sang, dis-le, Cécilia. Quel mal ça pouvait faire d'être un peu moins une tortue ? Un peu plus courageuse ? Il était peut-être temps que je sorte de ma coquille.

Je pris une grande inspiration, le cœur battant.

– Qu'est-ce qu'il y a, Cécilia ? demanda Éric, sans colère cette fois.

– Je... je ne sais pas trop ce que je ressens pour toi. Je t'ai toujours jugé avant de te connaître... Pour moi tu étais un snob, arrogant, tu...

– Oui, continue, Cécilia, dit-il en levant les yeux au ciel.

Mais il n'avait pas l'air fâché. En fait, il esquissait même un sourire.

– Et puis on s'est parlé, et tu as pris Gnocchi et j'étais tellement bouleversée. Je te détestais.

Gnocchi dressa les oreilles en entendant son nom. Il se pencha, comme s'il écoutait attentivement.

– On a passé ce marché, et au début j'ai accepté pour l'argent, mais dernièrement je me suis aperçue que ça ne comptait pas vraiment, enfin c'est une autre histoire, et aussi pour passer du temps avec Gnocchi. Et puis j'ai appris à te connaître. Et je... j'aimais bien ce garçon.

J'avais les joues brûlantes.

Éric ouvrit de grands yeux. Je crus que je l'effrayais. Mais j'avais presque terminé ce que j'avais à lui dire, donc je continuai en gardant mon calme, le plus possible.

– Ce que j'essaie de dire c'est que je t'aime *beaucoup*, Éric. Même si tout me l'interdit. Même si tu as adopté le seul chien que j'aimais plus que tout au monde. Même si tu arrives à me rendre plus furieuse que n'importe qui. Et je sais que tu ne m'aimes pas, tu as été très clair pendant le bal. Mais je voulais tout te dire, pour expliquer ce que j'ai fait. En fait, j'espère juste qu'on pourra rester amis.

Je poussai un gros soupir.

– Oh, et je te promets de ne plus jamais essayer de saboter la carrière de Gnocchi. Et je n'essaierai plus de voler un de tes chiens... à partir de maintenant, terminai-je.

Je fermai les yeux, prête à recevoir la confirmation qu'il me haïssait.

Mais en les rouvrant je vis qu'il me regardait avec un sourire radieux.

– Qu'est-ce qu'il y a de drôle ? C'est ma honte qui t'amuse ?

– Non, pas du tout. C'est juste que... tu as tout faux. Sur presque tout, dit-il en se rapprochant.

– « Faux » ? Comment ça, « faux » ?

Je me sentis ridicule, et pas uniquement parce que j'étais en train de hurler au milieu d'un concours de chien en tailleur vert idiot (avec dans les bras un chien qui, soyons honnête, ressemblait à s'y méprendre à un gnocchi de patate, « excellent spécimen » ou non).

Éric avait l'air de chercher ses mots.

– Oh, bon sang, crache le morceau, Chung ! Argh. Tu me rends...

Mais il s'approcha encore, presque nez à nez.

– Quoi, Cécilia ?

Je crois que j'oubliai de respirer quelques secondes. Je posai Gnocchi par terre, attaché à sa laisse.

– Tu ne sais rien de ce que je ressens vraiment, dit doucement Éric. Les concours canins, ou prouver que j'avais raison n'ont jamais été la raison principale... Enfin, j'aime les chiens abandonnés et je suis assez déçu que Gnocchi n'ait pas gagné aujourd'hui... mais ça n'a jamais été le plus important. Ce que je voulais vraiment, c'était trouver un moyen de passer plus de temps avec... toi.

Il baissa les yeux en rougissant, avant de reprendre :

– Un peu comme les moyens que tu as déployés pour passer du temps avec Gnocchi.

Il se baissa pour caresser le petit chien pendant que j'attendais, ébahie, la suite.

– Et tout ce que j'ai raconté au bal, c'était parce que j'essayais de la jouer cool devant les autres.

Je sais que ça va te choquer, mais ils ne trouvent pas que les concours canins soient si cool que ça.

– À vrai dire, moi non plus je ne trouve pas ça cool du tout, répliquai-je.

Puis je me tus, parce que je ne savais pas comment répondre à tout ce qu'il avait dit avant. J'avais le cœur qui battait la chamade.

Éric rigola.

– Ça ne me dérange pas. On n'est pas obligés d'être toujours d'accord sur tout.

Le voilà qui reparlait de nous deux.

– Bref, ce que j'essaie de dire, c'est que je t'aime aussi beaucoup, Cécilia.

Oh, bon sang.

– Mais... je ne suis que la copine bizarre de ta sœur, lâchai-je.

– Tu es la copine de ma sœur. Et tu es un peu bizarre. Mais tu es aussi mon amie. Et j'espère un peu plus.

Il se pencha plus près... et m'embrassa.

Ses lèvres étaient chaudes, une chaleur qui s'étendit jusqu'à mes orteils en quelques secondes. Puis il s'écarta en souriant.

– Tu comprends ?

Je hochai la tête, sans savoir quoi dire. Il m'embrassa de nouveau, mais un toussotement derrière nous nous sépara.

Lily et Mel nous observaient, tout sourire.

– Je le savais ! Je te l'avais bien dit, s'exclama Mel.

Elle me fit un clin d'œil.

Je baissai les yeux vers Gnocchi, et j'aurais juré qu'il me faisait aussi un clin d'œil.

Choses incroyables/fantastiques

1. Les premiers baisers pendant les concours canins régionaux.

23

Le message de Gnocchi

– Oyez, Oyez ! Venez tous acheter vos billets, pour le bal de mai ! criait Lily à la cantonade dans la cafétéria.

Nous étions à notre table après les cours, affairées à vendre les billets pour le bal de mai du collège.

– Tu es obligée de faire ça ? demandai-je.

– Quoi donc ?

– Hurler avec cette voix bizarre. Et faire des rimes.

– J'adore faire rime. Les rimes, c'est sublim... issime !

– Pour quelqu'un qui adore ça, tu n'es pas super douée.

– Dis donc, toi, protesta Lily. Je te rappelle que tu es nouvelle dans le comité des élèves. Alors observe, et apprends !

J'éclatai de rire puis sursautai en regardant l'heure.

– Mince ! Il faut que j'y aille.

– Mais on vient d'arriver ! Et on est censées rester jusqu'à quatre heures.

– Je sais, mais, s'il te plaît, tu veux bien me couvrir, Lil ? Mon père a une surprise pour moi, j'ai promis d'être à l'heure. S'il te plaîîît ?

– Oui, c'est bon, vas-y. Puis, de toute façon, puisque Éric a acheté les billets pour vous deux dès le premier jour, tu t'en fiches de qui vient ou pas, hein ?

– Ah bon, il les a achetés ? C'est chouette.

– À quoi tu t'attendais ? glousse-t-elle. Vous n'êtes pas ensemble ?

– Je ne sais pas trop, avouai-je.

Plusieurs semaines s'étaient écoulées depuis le concours canin et le baiser. J'avais passé presque tous les jours avec Éric, et c'était génial.

– Mais il ne m'a pas encore demandé d'être sa cavalière pour le bal.

– Il a acheté les billets, il a juste dû oublier de t'en parler. Les garçons ne sont pas toujours vifs pour ce genre de chose, dit-elle en inclinant la tête vers Joey Lewis.

– Tu dois avoir raison, dis-je en pensant que j'avais beaucoup à apprendre sur les garçons. À plus tard ?

– C'est ça !

Je dévalai les marches du collège et me précipitai aux Pattes Orphelines, où Papa devait venir me chercher.

Il m'attendait, garé devant le refuge.

– Tu es en retard ! Monte.

– Me voilà. C'est quoi, la surprise ?

– Ne pousse pas mémé dans les orties.

– Hein ? Qu'est-ce que ça veut dire ?

Il leva les yeux au ciel.

– Ça veut dire que tu vas devoir attendre qu'on y soit. En attendant... j'ai quelques nouvelles.

– Ah oui ?

– Premièrement... j'ai gagné le procès.

– Papa ! C'est génial !

Je me penchai pour le serrer dans mes bras, mais la ceinture de sécurité m'en empêcha.

– Bon, je te ferai un câlin plus tard, dis-je.

– C'est sûr. Ensuite : après le verdict, on m'a proposé un nouveau boulot. C'est un petit cabinet à Winchester. Ça veut dire que j'aurai un salaire régulier. Et je travaillerai toujours sur les affaires qui m'intéressent.

– Félicitations ! m'écriai-je, fière et heureuse.

– Merci, Cécilia. Je suis très content.

Et, pour la première fois depuis une éternité, il avait vraiment l'air de l'être.

– Alors on va où ? Voir ton nouveau bureau ?

– Ce serait vraiment nul comme surprise pour toi, ma fille. Non... En fait... on est arrivés.

Il s'engagea dans une petite rue calme bordée d'arbres et s'arrêta devant une maison bleu et blanc.

– Est-ce que c'est... ?

– Une location ! Du moins, au début. J'ai signé le bail aujourd'hui. C'est la maison dont je te parlais. Elle est à nous.

Cette maison était parfaite.

– C'est super !

– Et tu ne sais pas la meilleure. J'ai discuté avec la propriétaire. Les chats et les petits chiens sont admis. J'ai déjà payé la garantie pour les animaux.

C'était fantastique. Mais, même si j'avais toujours voulu un chien, je ne voulais plus n'importe lequel. Je voulais Gnocchi. Même après l'échec du concours, il était toujours aux Chung.

– Ma puce, je sais que tu voulais vraiment Gnocchi. Mais on en trouvera un autre aussi adorable. Pour commencer, tu vas visiter la maison, d'accord ? Ta tante m'appelle, elle doit être perdue.

Il se tourna pour répondre à son téléphone avec une lueur de malice dans le regard.

Je traversai la pelouse, ravie pour mon père, bien qu'un peu pensive.

Quand j'ouvris la porte, Éric se tenait au milieu de la pièce vide. Un énorme cactus en pot dans les bras.

– Je t'ai apporté quelque chose, dit-il.

Je souris au souvenir du cactus qu'il m'avait offert le jour où il avait adopté Gnocchi.

– Un autre ? Merci, dis-je en prenant la plante.

– Je suis content que tu l'aimes. Mais ce n'est pas de ça que je parlais.

Il s'écarta et je découvris Gnocchi assis derrière lui, avec une petite pancarte autour du cou. Mon cœur bondit. Autour de lui, il y avait une dizaine d'autres pots avec des cactus de toutes les tailles et de toutes les couleurs. Je m'agenouillai pour lire le message qu'Éric avait écrit sur la pancarte de Gnocchi.

Seulement trois mots :

Bal de mai ?

Je levai les yeux en rougissant. Il avait attendu pour me faire la surprise !

– Oui, bien sûr que j'irai avec toi ! m'exclamai-je.

Heureusement que mon père était encore dehors, parce que je ne pus résister à lui sauter au cou pour l'embrasser.

– Je suis content, dit-il. J'ai déjà nos billets. Oh, encore une chose. Regarde derrière la pancarte.

Je tournai la carte et découvris d'autres mots :

Je suis à toi.

Mon cœur fondit.

– Éric, c'est adorable.

– C'est vrai. Mais tu vois, ce mot vient aussi de quelqu'un d'autre. De Gnocchi.

– Qu'est-ce que tu veux dire ? demandai-je sans vouloir trop y croire.

– Ton père a dit que tu avais le droit d'avoir un chien ici. Donc, à partir de maintenant... tu as un chien ici.

Je le serrai si fort contre moi qu'il trébucha et renversa au moins deux cactus. Gnocchi sautilla vers nous et je le pris dans mes bras en pleurant des larmes de joie contre sa fourrure. Quand je me calmai enfin, je me tournai vers Éric.

– Tu es sûr ? Je ne peux pas te demander de faire ça...

C'était trop de lui demander d'abandonner son chien.

– Tu ne demandes rien, Cécilia. Je te l'ai dit, Gnocchi est à toi. Vous avez toujours été faits l'un pour l'autre. J'espère seulement avoir un droit de visite.

– Bien sûr !

Il gratta les oreilles de Gnocchi.

– Et puis, il n'a aucun avenir dans les concours canins, dit-il, confirmant ce que je savais depuis le début.

J'éclatai de rire.

– Grâce à moi. Et à une poche pleine de biscuits.

Je regardai le petit chien tout joyeux sur mes genoux. Il m'avait tant appris. Parce qu'il avait eu le courage de faire confiance, après tout ce qui lui était arrivé, j'avais fini par devenir plus courageuse moi aussi. Puis je regardai le garçon à mes côtés. Sans Gnocchi, je n'aurais jamais su à quel point Éric était fantastique.

– Je dois avouer que le coup des biscuits était brillant, dit-il.

– J'espère que ta mère va me pardonner.

– Elle t'adore. Elle dit que tu m'aides à garder les pieds sur terre.

– Euh, merci ? Au fait, à propos des cactus. Je sais que j'ai dit que je n'aimais pas trop les fleurs. Mais... pourquoi un cactus ?

– Je me suis dit que... c'était comme des fleurs, mais... en plus piquant

– La plante parfaite pour moi, dis-je sèchement.

Éric m'attira contre lui.

– Exactement. Mon petit cactus.

Il m'embrassa sous le regard complice de Gnocchi.

Puis tante Pam entra et me vit assise par terre avec un garçon, un tas de cactus, de la terre partout et un chien tout content qui sautillait entre nous.

– Franchement, Cécilia, dit-elle en secouant la tête.

Il me fallut une bonne minute pour m'arrêter de rire.

REMERCIEMENTS

Suzie Townsend et Danielle Barthel : vous êtes les meilleures ! Comme toujours, merci d'être mes coaches, mes pom-pom girls et la meilleure équipe dont on puisse rêver.

Merci aux géniales Jen Ung et Aimee Friedman de m'avoir aidée à donner vie au monde rempli de chiots de Cécilia.

Merci à mes parents, Jim et Sally Howard. Je suis tellement heureuse que vous partagiez cet incroyable voyage avec moi.

À mes amies fantastiques – merci pour tout. Nikki, qui écoute toujours (et doit *tout* entendre), Gaby, qui lit *tout*, Mandy, Beth, Carol, Sarah et Allison – merci de toujours m'écouter et d'être là.

À toute la famille LMP – merci pour votre soutien sans faille. Et enfin à tous mes élèves, passés et présents, vous rendez tout ça génial. N'arrêtez pas de lire !